正义不倒

刑辩律师办案手记

蓝天彬 著

法律出版社
LAW PRESS·CHINA
北京

图书在版编目（CIP）数据

正义不倒：刑辩律师办案手记 / 蓝天彬著. 北京：法律出版社，2024. -- ISBN 978 - 7 - 5197 - 9277 - 0

Ⅰ. D925.210.5

中国国家版本馆 CIP 数据核字第 2024JA4927 号

正义不倒：刑辩律师办案手记
ZHENGYI BUDAO：
XINGBIAN LǗSHI BANAN SHOUJI

蓝天彬　著

策划编辑 蒋　橙
责任编辑 蒋　橙
装帧设计 李　瞻

出版发行 法律出版社
编辑统筹 法律应用出版分社
责任校对 朱海波
责任印制 刘晓伟
经　　销 新华书店

开本 A5
印张 9.125　**字数** 198 千
版本 2024 年 7 月第 1 版
印次 2024 年 7 月第 1 次印刷
印刷 保定市中画美凯印刷有限公司

地址：北京市丰台区莲花池西里 7 号(100073)
网址：www.lawpress.com.cn
投稿邮箱：info@lawpress.com.cn
举报盗版邮箱：jbwq@lawpress.com.cn

销售电话：010 - 83938349
客服电话：010 - 83938350
咨询电话：010 - 63939796

书号：ISBN 978 - 7 - 5197 - 9277 - 0　**定价**：49.00 元

凡购买本社图书，如有印装错误，我社负责退换。电话：010 - 83938349

推荐序一

拿起笔，记录刑辩时代

我和蓝天彬律师第一次见面，是2018年。我在苏州的刑辩研修班和大家交流，蓝律师参加了。

今年4月，我在上海搞了两天两夜的刑辩特训营，专讲庭前会议辩护。我认为，上课不是单向的，培训也不是目的，重要的是找机会聚聚，或能结识几个朋友。蓝律师也来了。

这次特训营，抽出两个晚上，举办刑辩圆桌论坛。蓝律师的发言主题是“刑事辩护要敢于尝试、善于突破”，他结合承办的案例，讲了三点，言简意赅，颇有启发。这点很好，刑辩律师发言，不要套话连篇，不要长篇大论，直接讲重点。

最近，蓝律师和我说，他新写了一本书，《正义不倒：刑辩律师办案手记》。听到这个消息，我很为他感到高兴。

这本书记录了他从资深法治记者转型为成熟刑辩律师的过程，记录了他办过的一些案件，包括不起诉、撤销案件、终止侦查或改判缓刑等案件，呈现了刑辩律师是怎样从无望中寻找希望、从困局中破局的。

在《“结硬寨，打呆仗”》一文中，蓝律师提到一个恶势力案件，经过努力辩护，去掉了第一被告人的恶势力帽子，五个罪名去掉了三个:赌博罪、盗窃罪、寻衅滋事罪。后经不断辩护和沟通,刑期从4年多,最终降到2年3个月。涉黑恶案件辩护难,蓝律师这个案例取得有效辩护成果很不容易。这几年,我一直提倡“技术极致、适度勇敢、高度智慧”的刑辩理念,要敢辩真辩,要边打边谈,核心目标就是最大化接近正义,维护当事人权益。

蓝律师做过法治记者,他的辩护视角体现了多元化。他在《多元视角:新冠疫情时期的缓刑》一文中,对于侵犯公民个人信息罪,既重视法律视角,也引入了社会学视角。

他说,随着信息化的网络时代来临,公民个人信息主动或被动泄露的情况越来越多,某种程度上这是人们享受网络便利的一些必要或不必要的代价。办理侵犯公民个人信息刑事案件,一方面要符合法律法规的规定,同时也需要注意时代的发展变化。比如办理贪污贿赂犯罪,以前贪污或受贿10万元以上,就可能面临10年以上有期徒刑,后来随着经济和社会的变化,这种量刑标准已不适应社会形势,从而把10万元修改为300万元。不排除随着社会的发展,侵犯公民个人信息刑事案件也可能适当地提高处罚的门槛。因此,司法机关对此类案件的量刑,一方面要符合法律法规的规定,同时也不妨做一些前瞻性的考量。

“法者,天下之公器也;变者,天下之公理也。”法因时而立,而进,而变。蓝律师认为,法律从来不是孤立的,而是与社会同频共振的。

这个案子的当事人,侦查阶段、审查起诉阶段、审判阶段都被羁押在看守所,最终宣告缓刑。案子虽小,但办得有意思。

当然,案子其实并无大小,对于当事人而言,都涉及自由与财产;对于律师而言,只要接案,便应全力以赴。我赞同书中的观点，案无大小用心辩。

蓝律师还热心公益，庞某某涉嫌寻衅滋事罪案，就是他和律师同人路见不平，进行了法律援助，坚决做无罪辩护，最终公安机关终止侦查。做律师要有公共情怀，除了赚钱养家，也要有一定的社会责任感，不要在金钱中迷失自我，要多做一些力所能及的公益。这些年，我推行“无辜者计划”，为重大冤案提供法律援助，帮助了一些无辜的人，也希望更多律师加入。

蓝律师写办案手记，还不忘记者的真实原则。我一直希望，刑辩律师办案之余，能把案件写下来，把办案的经验与教训写下来，把真实的经历写下来。这样不仅对其他律师有参考借鉴价值，同时有一种历史价值。“一切历史都是当代史”，案子虽然办完了，过去了，但记录下来，就有意义。刑辩律师都去记录，这些记录越来越多，就越能反映我们这个时代刑事辩护与刑事司法的状况，从而成为未来研究我们这个时代的素材。

希望更多律师同人，和蓝天彬律师一样，拿起笔，记录这个刑辩时代！

徐　昕

法学教授、刑辩律师

2024 年 5 月 16 日

推荐序二

做个有灵魂的刑辩律师

这些年，记者转型做律师的人不在少数。蓝天彬律师是其中的佼佼者。一些人之所以优秀，很大程度上是因为他本身具备了优秀的特质。不管从事哪个职业，那些勇于挑战自我、不断追求进步、善于总结思考的人都更容易脱颖而出。蓝天彬律师的这本《正义不倒：刑辩律师办案手记》，生动形象地说明了这一点。

蓝天彬毕业于厦门大学，曾经怀有满腔的新闻热忱。做评论编辑，蓝天彬力求杜绝"正确的废话"和"智力的懒惰"，追求"有理有趣"；做法治记者，蓝天彬将人看作万物的尺度，跨过山和大海，穿过人山人海，写出了大量优质的新闻稿件；做刑辩律师，蓝天彬更是踌躇满志、勤勉敬业，代理了大量成功案例。有的案件经过反复沟通和努力争取，得到重大改判；有的案件经过艰难的无罪辩护后，获得不起诉处理。

从本书的字里行间可以明显看出，新闻从业经历对蓝天彬律师执业的巨大助力和影响。比如热爱写作，能够把各种经历及时记录；比如许多办案手记都有对当事人和家属的情绪捕捉和心灵观照；比如对案件和办案经过的描写有着浓厚的新闻叙事痕迹。区别于大多数办案手记的强议论、弱叙事风格，蓝天彬律师的办案手记强叙事、弱议论,娓娓道来、十分耐读。

在国家的法治叙事中,个体的微观角度不可或缺。刑辩律师身处在矛盾的旋涡,奋战在司法的一线,经常跟公权力“短兵相接”,对法治冷暖和社会百态有着最直接的感知。一纸判决书,往往遮蔽了很多过程和细节。由刑辩律师将办案过程和曲折遭遇写出来,能让法治的拼图更加具体和丰满。刑辩律师的微观记录,往往是国家法治生态最真实的写照。在此意义上,刑辩律师的记录不仅具有个体意义,而且具有社会意义。

我在从检察官转型做律师的头几年,为《新京报》、澎湃新闻等媒体撰写过大量的法律评论,其后又利用自己的自媒体撰写了很多杂文,但很遗憾,我自己代理的案件并没有留下多少代理手记,导致很多惊心动魄的办案经历和荡气回肠的办案体验,被时间冲淡、被岁月湮没。蓝天彬勤于笔耕,及时总结,为自己的律师生涯留下了难得的印记。我完全有理由相信,蓝律师后续还会有更成功的案例和更精彩的记录。

刑辩艰难,成功不易。我相信任何一个优秀的刑辩律师都会有不少成功案例,也会有不少失败案例。对刑辩律师不宜单纯地以成败论英雄、以结果论胜负。因为众所周知的原因,律师撰写代理手记更愿意展示那些成功的案例。那些取得较好结果的案例固然值得欣喜和学习,那些结果不尽如人意,但辩护律师已经竭尽全力、过程做到极致的案例同样值得记录和分享。

律师作为一个市场主体,必须遵循基本的市场规律。必须承认,经济因素对于律师职业具有强大的驱动力。这没什么好回避的。根据亚当·斯密的理论,分工和交换是国家富强的秘诀。刑辩律师依靠著书立说去推介自己,依靠专业知识去谋生赚钱,本身就是一件值得自豪的事情。因为这意味着别人对你有需要,你对社会有价值。但与此同时,从事一个职业如果仅着眼于经济利益,将很难找到内心持久的热爱,也很难找到生命终极的慰藉。因此,真正优秀的刑辩律师,身上都会有一种悲天悯人的社会情怀,都会有对公平正义的执着追求。

一般而言,律师作为当事人权利的代言人,很难说其言行就代表着公平正义。但是当面临司法不公,面临冤假错案的时候,与不公不义顽强抗争的刑辩律师就具有了正义属性。判断一个刑辩律师是否优秀,不是看他名目繁多的头衔,而是要看当使命降临时,他能否守住底线、扛住压力。判断一个刑辩律师是否能够走远,不是看他在各种论坛上的夸夸其谈,而是要看他在具体经办案件时的态度和付出。蓝天彬律师提到,他正在不断加强自己的刑辩技术和勇气。我个人认为,极致的专业和适度的勇敢应当是每个刑辩律师的职业追求。这个过程永远没有止境,刑辩人永远都在途中。

蓝天彬律师提到,他这本书取名正义不倒,是出自电视剧《笑傲江湖》片尾曲的歌词"正义不倒,会盟天下英豪,无招胜有招"。我同样喜欢这种江湖快意和豪迈侠气。刑辩律师也有一个江湖,这个江湖同样也很复杂。不仅有各种门派分野,而且有各色世道人心。我想说的是,不论什么江湖,行正道、走正路才能行稳致远。一个人的心胸有多大,他的世界就会有多大,小肚鸡肠、嫉贤妒能的人实际上给自己修筑了一座牢笼,囚禁了自己的事业版图。正确的做法是,对同行取得的成绩该祝福的要祝福,对同行遇到的困难该帮助的要帮助,对同行身上的优点该学习的要学习,对同行存在的问题该指出的要指出。君子周而不比、和而不同、群而不党。

几年前,我出过一本书,《给正义一点时间》。这个书名引起了一些人的误解,有朋友给我私信说:正义不能迟到,正义姗姗来迟本身就是非正义。其实我原本是想表达,不必为眼前的事情过分气馁,不必为短期的局势过分悲观。当下正值刑事辩护的寒冬,但刑辩律师要有历史的眼光,我相信只要我们自己做好准备,历史一定会给我们发挥作用的舞台。

是为序。

邓学平

刑辩律师、前检察官

2024 年 5 月 22 日

目　录

前奏

2010～2016年，我的新闻似水流年

菲茨杰拉德在《了不起的盖茨比》中写道：于是我们奋力前进，却如同逆水行舟，注定要不停地回到过去。

过去的6年，过去的60年，相似的新闻变换面貌反复出现，难免令人感觉乏味漫长而无趣、无可奈何。

但我无意在此长篇大论国家、民族种种，更想谈谈自己的这6年，以及纸媒黄金时代短暂而悠长的余音、互联网时代的嘈嘈切切。此时此刻，回到过去。

1

2010年夏天的深夜，两个年轻人站在死水微澜的福州屏东河边，抽着廉价的“中南海”烟，吞云吐雾，滔滔不绝，兴奋地讨论着什么是新闻，要搞个大新闻，谈着谈着话题转到女人身上，过了会儿又回到新闻。一个漂亮的女同事路过，说“哇，这么晚了你们在干什么”，边走边说，“两个小屁孩”。

夜更深了，意犹未尽，两个年轻人爬到五楼，在客厅继续大放厥词，隔壁房间另一个同事的鼾声正浓。

那两个23岁的年轻人,一个是我,另一个是凯哥。凯哥仪表堂堂,圆脸、剑眉、胡茬微乱,“怒发冲冠”,或者该通俗化地说,“根根头发往上竖”,我们可以理解为,他是如此热爱光明,以至于连头发都主动向日。

第二天,按部就班,我懒散地去菜市场和超市抄肉价、菜价,回来写条不咸不淡的财经新闻。作为一名大学刚毕业的新记者,我的条口是物价,而此前的20多年,我连菜市场都没去过几次,也不关心一斤肉、一把菜要多少钱。转眼,我像个数据分析师一样整天盯着CPI,我不由苦笑。

挨过三个月,到了十一假期,我回了一趟厦门大学。你知道的,刚毕业的人,总是有点难以割舍学校。本质上,这是学生和成人的区别,人人都要跨过去。“叮”,突然就听到下课铃声。以前深恶痛绝,不论上课下课,这铃声都让我感觉不舒服。毕业离开后,没感觉了。现在回想,如果还在学校就好了。

这趟短暂的旅程,也许让我想通了,也许赐予了我力量,我开始勤奋地跑市场,一篇篇稿件写出来了,老记者说我已经找到新闻的感觉了。

我慢慢找到新闻的感觉,却又感到有劲使不上。那时候,我们年轻、热血、受不得委屈、料不到现实的残酷,只想意气风发,不懂平衡变通。新闻的占比在琐屑生活中明显太大,新闻的分量却又明显不足,这不能做,那不能做,我们压抑而无处发泄。

一个年轻的女同事和另一个年轻的男同事,处同一屋檐下的两个房间,不能容忍各自的生活方式,竟大打出手,成为这段时间的一个注脚。

我们在报社附近的胡思年月酒吧喝酒,一不小心喝大了,听到有人现场弹唱《执着》，天知道在执着些什么。这家小酒吧开了有十多年，对目之所及的一切司空见惯。

2011年3月，刚好报社有“双选”的机会，我决定换个岗位，去做国内新闻部编辑，事情顺利地定了下来。临走前，财经新闻部林主任对我说，天彬，不要总是以精英的姿态或自己的方式做新闻，要考虑大众的思维，毕竟我们是都市报媒体。我在他手下工作了8个月，这是个长着娃娃脸的年轻领导，语速快，整天笑呵呵的，对下属总是很宽容，我明白他的意思。

不过，那仍然是纸媒的黄金时代，至少收入是如此。我所在的报社，是一家省级都市报。报社给新入职的记者免费租房子一年。那几年的盈利水平蒸蒸日上。

社长在报社年终晚宴上说，“今年广告收入是1.2亿元，明年冲刺1.7亿元，年终奖照发，按六个月工资发！”或者“今年广告收入是1.5亿元，明年冲刺2亿元，年终奖照发，按八个月工资发！”台下掌声雷动。

抽奖环节，有2000元、5000元不等，最高奖1万元，很快花落幸运客。到场的代理商嘉宾和社长窃窃私语，社长再次上台，说，“代理商加3万元奖金，继续抽奖”。台下一片欢呼。

那几年，热闹的氛围，人们兴奋的表情，恍在眼前，流动的盛宴似乎会一直持续。只是，这么快就到了黄金时代的末尾，这么快就只剩下悠长的叹息。

2

接下来，我居然做了3年多时间的夜班编辑，从国内新闻编辑到评论编辑,我在精力最旺盛的年纪做了一个夜班编辑。现在回想,有点不可思议。但这是现实,长日无尽,时间似乎停滞,实际上仍然是不管不顾地往前走。

温州动车事故(2011 年 7 月 23 日)当天,不是我值班,当晚我在微博上看到零星消息,意识到是个大新闻,你见过汽车相撞,但肯定没见过动车相撞。我第一时间打电话给国内新闻部副主任。主任让我马上去加班。人们的情绪,在网络发酵、发泄。湖南一家报纸,用幸存女童伊伊做头版,"爸爸妈妈,你们去哪里了",令人动容。

那几年,人们心怀希望,对公共舆论满怀热情,三五成群指点江山。

我们没想到,仅仅过了不到 5 年,舆论环境再次变化。

不管如何,抱怨归抱怨,仍然要做好手头的事情,努力做好每个版面。我尝试着让个人表达融进版面,让版面有一点个人特色,不一样的特点。苦恼在于,作为螺丝钉,作为机器的一环,可施展的空间相当有限。

直到 2013 年年底,领导突然问我愿不愿意做评论版。上一个评论编辑已经辞职,评论版空缺了半年。正处"瓶颈"期的我,几乎马上应承。

筹备期不到 5 天。省内部谢副主任原来是我同事,她让我给出版面构想,要突出"短平快"。

时评这东西,我看得不多。印象中,严肃的、正面的话语居多。如今要做,得赶紧看。晚上下班后,我翻阅了国内知名报纸,看他们最近一周怎么做评论,还上网订购了几个时评人的书。

后半夜,我已有初步思路,草成千字构想。先说各家报纸情况，再谈本报评论版理念：简洁大方，有理有趣。

接下来，就是版面构架，分为两部分，全国和本地。全国又分为“头条时评”、今日时评人物榜（本报评论版原有栏目）、观点碰撞台、来论、专栏、微言1+1、漫画、一周关键词，本地分为“屏山快评”、本地新闻网友一句话点评。

第二天，谢主任看过构想，大致满意，提出“屏山快评”不妥，屏山在福州意味浓厚。我说，可以改为榕城快评。

新的评论版，新的气象。我这个新手，在领导和同事的帮助下，在自己的努力下，很快让评论版走上正轨，有了一些好版面。我在学习写作评论的过程中，以几天一本的速度看书，每天看各大评论版，也经历了从“正确的废话”到“有点新意思”——时评切忌“智力的懒惰”，不能谈到一件事，张口就是“罚款太少”，闭口就是“部门不作为”，说了跟没说一样。

所谓好领导，就在于该把关的时候把关，该放手的时候放手，让下属主动、自由地发挥。在评论版的操作中，我受益于此。

我一开始就提议要以较高的稿酬吸引优质稿件，并鼓动身边的同事多写评论。

2013年11月至2014年6月，是我在这家报馆最开心的一段时间。我把握住了这个能独当一面、展示能力的机会，做出了清新而不失大气的风格，一些操作手法很快被同城媒体借鉴。

做评论版更大的意义在于，这是我找回自信的过程，看到自己在一天天地进步，我开始重新相信自己的能力，相信自己会有远大前程。之前的两年，我曾怀疑自己，是不是就一直这样下去，做个平庸的编辑？我想跳出牢笼，却不得其门。

3

人的一生中总会有几次觉醒。如果说上大学开始了我个人独立意识的全面觉醒,那么去《东方早报》(澎湃新闻),则开启了我新闻意识的全方位觉醒。我像《喜剧之王》中周星驰扮演的尹天仇,压抑太久,需要一个机会;我像《英雄本色》中的小马哥,要拿回属于自己的东西。

2014 年 6 月,我看到《东方早报》(澎湃新闻)在招聘江苏站记者。我常看《东方早报》,这是一家有品质、有良好价值观的报纸,出过关于三聚氰胺、三峡等的重大报道,头版也常有亮眼之作,比如“七 · 一”那天,头版直接发出李大钊的一句话:“人生最高之理想,在求达于真理”。

虽然已经在福州买了房子,收入在报社名列前茅,但我仍心有不甘。身处媒体行业,就要做出个样子,我渴望做出点成绩。

我投出了简历,很快收到江苏站李主任的回复,他说:从你发来的这几组作品来看,我还是非常喜欢的。我觉得你具有成为一名不错记者的很多潜质,我也相信,如果你能加入《东方早报》这样的优秀媒体,对你今后的业务提升和个人成长都会有更大的帮助和推动。但是,我有点顾虑的是,你今年 27 岁了,如果来《东方早报》江苏记者站工作的话,是不是成本太大?比如,如果想留在《东方早报》,必须经过 3 个月的见习考察期,你孤身一人过来,如果最终不能留下来,你是不是能接受?这个问题要考虑清楚。同样,如果能留在《东方早报》江苏站工作,那也意味着未来几年甚至今后将一直留在南京工作、生活,这对于老家在福建的你来说，是不是最好的选择？毕竟，到了你这个年龄，除了新闻理想和职业发展之外，很多现实的问题今后都需要慢慢考虑，比如谈朋友、恋爱、结婚等。这些问题，你自己要有个通盘的考虑，然后再做出决定……

很高兴、很惊讶收到这么长而坦诚的回复。随后，我做了一套笔试题目，并前往南京面试。

和同样瘦削的李主任一见如故，我当场说愿意加入。这是李主任第一次当领导，我是他招聘的第一个员工。他是我的良师益友，此后的两年，他对我指导、帮助甚多。如果没有他的鼓励，我的新闻业务能力不会取得如此迅猛的进步，我的新闻写作技巧也不会得到自由成长，各种类型、各种方式我都去尝试。

我回到福州，大醉一场，匆忙告别，义无反顾地投入下一场未知的茫茫旅程。我反复听着黄耀明的《友情岁月》，给自己打气，“消失的光阴散在风里，仿佛想不起再面对……不相信会绝望，不感觉到踌躇。在美梦里竞争，每日拼命进取。奔波的风雨里，不羁的醒与醉……”

南京这座六朝古都，既有弥散不去的阴柔，又有包容一切的胸襟，我几乎一眼就喜欢上了。我成为一名新记者，法治记者，条口是公检法司和重大突发事件。

人生地不熟，一切重新开始。我从两方面着手，一方面是构建交往网络。记者就是和人打交道的工作，认识的人越多，越有可能做出独家新闻。

既然是法治记者，就要认识公安局、检察院、法院以及律所的人。我花了一年时间，有空的时候就联系、认识人。我从一个几乎没有社交活动的夜班编辑，变成一个随时随地认识新人的记者。

这张交往网络，让我花费不少工作时间和业余时间，也给我带来极大的便利，使我在任何时候、任何地点，都能想办法尽快找到人采访。

另一方面提高采访能力。我重新琢磨采访的方法，学习和人沟通的技巧，以及锤炼毅力。办公室的电话似乎总是断断续续地出问题，使我不得不大声对着话筒讲话，否则对方听不清。于是，我几乎是在吼声中度过一天又一天，嗓子沙哑，不管不顾，那时候我满脑子想做新闻，否则我来南京就毫无意义。我已经27岁了，说老不老，说年轻也不年轻，时间不等人，必须全力以赴。

刚来报社不久，就碰到江苏泗洪喝农药事件。我独自一人坐大巴去泗洪，再坐三轮车去当事人家里。道路两边是色彩鲜艳的河蟹雕塑，一瞬间让我觉得很魔幻。做了几个小时的采访，再熬夜写完，第二天早上发出。

我和《中国青年报》记者超哥游荡在拆迁工地上，继续采访。

超哥是个敦实的汉子，是个经验丰富的记者，曾在《新京报》做过多个重大调查报道。他没来由地对我说了一句：天彬，我知道你在江苏，肯定会干得很好！

我心里没底，问为什么。超哥说，我看得出来。

往后，我每每想起这句话，这句不经意的话，给正在重新出发的人带来鼓励。

回到南京不久，李主任给我派了个线索，南京一个和尚在网络上举报栖霞寺墨宝疑似被“盗卖”。我持续追踪一个星期，写了四篇报道，涉及栖霞寺、佛教协会、举报人、拍卖公司，最终以澄清告终。整个过程下来，就像做电视剧，情节渐渐展开，大家看到的不只是字画买卖，还有各方或明或暗的心思。如果说泗洪喝农药事件是我仓促上阵，那么栖霞寺墨宝事件，是我第一次站在一流媒体的高度去做新闻。

其间，李主任频频启发我怎么去深入挖掘，还告诉我，即使没思路，先去见人，聊着聊着可能就有东西了。于是，在连做两篇之后、困惑于怎么做下去的我，约见了在博客上爆料的和尚。和他聊着聊着，我知道可以写出一篇好看的对话稿了。

正是在这次采访中，我发现了自己的强项——做对话稿，我不卑不亢、从容平和的态度，让对方放心，对方可以没有顾虑地一直说下去。随着年岁增长，我懂得了分寸感和平衡变通，而这可能是许多刚毕业的新记者暂时没有的。

将近两年时间里，我做了大量的对话稿，对象包括辞职的市长、被开除的城管、酒驾撞人的局长、关押艾滋病罪犯的监狱狱警、传闻落马的官员……

其间，我做了不少反腐稿件，包括监督在职的纪委书记，稍有不慎，即可能给个人和机构带来不测之险。每次采访，都要做好证据的搜集和保存。我游走在真相和风险的边缘，所幸随着对人事的逐渐体察，懂得了全局观和表达艺术，我做得不差，加上机构的担当，总能化险为夷。

我不知疲倦地出差，不知疲倦地采访，生活的全部几乎都是新闻。一篇篇稿件发出来，也让我的新闻业务能力得到爆发式增长。

2014年下半年，澎湃新闻刚上线半年，一出生就风华正茂，我有幸参与这场漂亮的战役。我们像初生牛犊不怕虎，一往无前，冲锋陷阵。每个人都像打了鸡血一样澎湃着，虽然前路艰险，依旧充满希望,充满荣誉感。和同事们见面的机会不多,但我们自觉是同一个战壕的弟兄。

两年后,有些伙伴已经星散各方。一位前同事不无伤感地说,我怀念2014年。

就像那年夏天,我在江苏泰州采访一起6岁女童遇害案,白天忙碌着,很晚才回酒店,沉沉睡去。第二天醒来,窗台晾着的蓝色衬衫,已经不知被风吹向何方。

4

2015年上半年,我继续写了不少反腐报道和监督报道,继续全身心投入新闻。有段时间写多了,一度感觉满眼灰暗。我还曾连续写了六七起女大学生或小孩失踪、遇害的案件。

工作之余,我常去书店。南京的先锋书店自然不错,记得买过黑塞的一本书,但我更喜欢去旧书店。我通过搜寻地图,去过不少旧书店。我有意识地挑选几十年前出的繁体字版本,看到它们,人会平静一些。我也常去紫金山、雨花台。在雨花台山上,随便拐弯就能遇到名人墓地。南京坟墓多,坟墓埋葬了一段段历史。

2015年,也埋葬了一些东西。虽然好像一切如故,但注定是个不平静的年头。澎湃新闻仓促早熟,进入中年。

媒体也进入转型塌陷期,目之所及,人心惶惶,旧日豪情今何在?看着一个个优秀的同行离开,我时常感叹,然后接着埋头做事。

舆论监督的路越来越难走,得开辟新航线,我开始多写人物稿。人是万物的尺度,我喜欢琢磨怎么写人。偷自行车的假博士、写《等你醒来》的南京禁毒警察、写科幻小说《金陵十二区》的法官桂公梓、辞职的官员……我试图抓住他们与时代的特质。

在采访法官桂公梓前,我仔细看了他的书和微信公众号文章,畅聊了 7 个小时。这是一个年轻而有才华的法官,在他身上也体现“80 后”的种种特质。但写完后,我并不满意。

这时候,李主任给了我自主空间,鼓励我探索文本。他看过后,并不直接否定,而是说采访比较到位了,建议我放一段时间再修改文章。

我放了一周,再重新搭建框架,果然好多了,虽然还是有改进空间。

2015 年 9 月,徐州一名村医被患者手持尖刀杀害。这种事情似乎司空见惯,常常被当成社会边角新闻,被当作一个数字,而被忽略。

这是一个声誉良好的村医,名字叫胡今升,胖胖的,整天笑呵呵,待人谦和,他也是儿子眼中的慈父。我在采访过后,决定为这个普通人“立传”,我不希望他像野草一样被遗忘,而是希望他留在我的文字中。

我用类似电影分镜头的手法,用“上帝视角”,详细描述刺杀现场、凶手被抓现场,把每一个动作都拆分开,一点一点写出来。连小标题,我也用了“刀”“药”“人”这种高度概括的文字。

李主任看过后,认为这条新闻题材比较普通,写成 2600 多字太长了,800 字就够了。尽管不太认同,他还是很尊重我的尝试。他说,我试一试入库,看总部能不能发,不能发的话,你再改成 800 字。后来稿件顺利发布。

他完全可以直接叫我修改,我也可以在 10 分钟内改成 800 字,但是,新鲜的尝试可能就不会再有了,这是我感谢他的地方。“有缺点的战士终究是战士,完美的苍蝇也终究不过是苍蝇”,我已经对新闻的套路娴熟于心,所以更想有所突破。

另有一事,值得一提。现居扬州的川籍女子陈某在 2014 年就找到我,隔三岔五给我发短信,持续反映她父亲在羁押场所死亡。官方认定其为自杀。

为了给蒙冤的亲人讨回一张正式的、彻底的“平反通知书”,陈某和母亲接力将近 40 年。

我曾和主任报题两次,两次都以题材敏感、有风险为由,让我暂时不做。2015 年下半年一场生病之后,我又想起这桩案件,这何尝不是陈某的“心病”,我决定再次向李主任争取做这条新闻。李主任听后,也许考虑到我的坚持,沉默了会儿说,可以试一试,但不能保证稿件发得出来,要慎重。

我重新阅读陈某的几百页材料,采访了陈某以及相关的十几个人。我已经是一名比较成熟的记者,凭着经验稳妥处理风险和事实,稿件写成后,所幸顺利发表。《羊城晚报》的一名记者给我留言说:“蓝记者,好样的。陈阿姨(陈某)前段时间给我寄过材料,做不了,你们做出来了,我很开心。”

或许,这就是新闻的价值所在。一桩 40 年前的冤案,不应该就这样无声无息湮没于历史尘埃中。

然而,还有一些冤案,不见天日。抱歉,我无能为力,并非我不想做,我并非没有争取过。我不忍再见那些冤案当事人。我曾经为冤案不能做而焦虑,可我也要生活,我只能放下,然后去做能做的事。做不了,会很焦虑;写了不能发,会更痛苦,不是吗?在很多个深夜和早上，我害怕这种念头纠缠，这没有意义。我曾经做了个梦，一个中年女人要跳楼，被我劝下，又一个年轻男子要跳楼，劝了1小时才罢休。

这一年，最让我高兴的是，我获得澎湃新闻先进个人的荣誉。我会记住2016年1月10日站在台上的时刻，心里想着感谢澎湃的日子。我跨过山和大海，穿过人山人海，终于成为一名优秀的记者。不虚此行，就已足够。

2016年9月

启幕

2016年，重返青春，跨界转型

2016年上半年，围绕着司法考试转的日子，那些白天、黑夜，又浮上水面。

9月25日考完，11月下旬才出成绩，在怀抱希望与惴惴不安之间等待，在等待中重返青春。

1

高中的时候，我曾想做律师，被父亲一句话噎了回去，“打官司要靠关系，律师不好做”。

兜兜转转，十年过后，又萌生司法考试的念头。找一个向上的行业，一个有门槛的职业，有更长远的发展，律师行业是其中之一。

2016年3月，我从南京回到厦门，在这个曾度过大学四年的城市，重新出发。买了一套教材、一套真题，啃吧。

新的信息蚁聚蜂拥，铺天盖地而来，对于一个毕业多年的人来说，有知识的乐趣，但更多的是艰难的熬。花花世界不停招手，你却要独坐冷板凳。

我住的小区，整天有人装修，机器切割和轰鸣的声音，扰人心神。我转到华侨大学，这是一所偏向理工科的大学，建筑很平庸。自习室很少，我不得不耗费大量时间辗转搜寻。如果你偶然看到一只“无头苍蝇”东张西望，说不定就是我。此后转场到诚毅学院，在教学楼下坐着看书。再后来，转到集美区行政服务中心的休闲书吧。大厅人声鼎沸，热闹是他们的，我独处一角。只是，空调开得太冷，外面酷暑，我在里面冻得发抖。

作为一个离开学校六年的人，面对庞大的法律体系，注意力有时难免崩溃，以缓慢的节奏推进学习，长日无尽。

这期间，倒是活学活用了一回法律。我把福州的房子卖掉，换到厦门。买房面临毁约，过程堪称惊险。当时我在看司法考试合同法部分，随即签订了补充合同。小钱不计较，大局要把握，事后看来很明智。赶在厦门史上最狂暴的涨价潮之前，我上了最后一班车。

从 3 月走到 7 月，这漫长的 4 个月，我一边随时应对买房的各种状况，一边准备司法考试，磕磕绊绊把教材和真题过了一遍。“挺住，等着别人先倒下”，“当你摇摇欲坠，别人已经崩溃”……扛不住的时候，给自己灌一点鸡汤。

2

忙完房子的事情，我感觉有必要报个培训班，自学的效率太低，这样下去有点悬。况且，一个人自学这么久，与世隔绝，情绪封闭。我花了 5000 元，报了一家培训班。

大巴载着 50 人，穿越大半个厦门，驶入远郊的东海学院。东海学院是一所职业技术学院,名头很大,范围很小,只有几栋教学楼、宿舍楼,比我上高中的学校还小。

校长和四位助教上台演讲,努力啊、奋斗啊……一连串励志词语砸过来。教室墙上,挂着红色横幅,“每天对自己说,你真的很不错”。

正是暑假期间,学校空荡荡。校外,像大多数不知名乡镇一样,一排排小店,毫无特色,只满足基本生活需求。我们互相安慰,如此正好,存天理、灭人欲,专心备考。

接下来的两个月,这个夏天,重返青春。

连新舍友都这么像。我快 30 岁了,舍友小林是个大三的家伙,真羡慕他的年轻,青春痘还残留着,爆裂示威。

回到十年前吧。那时候,我的舍友方方,也是长得眉清目秀。想起他,我第一个想到的是,他的头发。早先他的发型是碎发,短短薄薄的一层,但他总觉得头发长得太快,快得接受不了,于是半个月理一次,我们则发现他的头发怎么总是不长,几乎可与毛等而视之。

如此状态持续两年,到大三,方方决定留长发,我们甚感欣慰,终于可以摆脱每天耳边被吹“怎么搞的,我头发又长了”,而我们就是无法发现、却不得不颔首微笑以示赞同的荒诞处境。

我打电话给方方,说碰到一个像他的舍友。我们聊了聊各自的近况,因循不觉韶光换。

3

每天早上,6 点 45 分起床,吃完早餐自习。8 点半上课。直到晚上9点半至10点,结束。

上课都是远程视频。钟秀勇讲民法。钟秀勇和冯小刚一样,患了白癜风,常自嘲为“丑老钟”。条理清晰,但语速极慢,令人发指。

老钟常说,大家都掌握得很好了,我们只是在一起回忆。台下的同学心里想,掌握个啥啊,回忆个啥啊,我都不懂啊,别再这样说了。

结果,老钟下节课变本加厉,接着说,司法考试本质上是一个已经发生的未来。台下的同学心里想,都已经发生了,那还学习个啥啊。

老钟又说,别太急,要懂得爱惜自己,要注意休息。台下的同学心里想,我就是休息太多了,才什么都不懂啊。

老钟说,司法考试是为你的幸福而存在的,要爱它,要竭尽全力。

是的,这两个月,每个人都将爱得死去活来、身心俱疲。

刘凤科讲刑法。刘凤科微胖,有酒窝,讲课有意思,常举强奸案的例子,以此体现刑法的博大精深。口头禅是,“这个,请大家注意一下”。

徐金桂讲行政法与行政诉讼法。他一边搓着圆珠笔,一边说,这个背下来,背下来。

戴鹏讲民事诉讼法。人称“戴老板”,张嘴就是,民诉在我这里,没有难点。

左宁讲刑事诉讼法。他说,显时特告死。他说,侮诽暴虐侵。语速飞快,常说“注意即可”。注意的另一层意思是,要背下来。

郄鹏恩讲商法、经济法。如果不是上她的课,我大概这辈子都不会知道这个姓,音同切,第四声。

杨帆讲三国法。她常说,大家都记得国际法,到了国际私法、国际经济法,都忘得差不多了。

果然,台下的同学对后两种法,再一次忘得差不多了。

白斌讲理论法。他说,如果死了,是另一个世界,那么,有什么可怕的呢?

这是引用柏拉图的《理想国》申辩篇。

他还说,在恶心的东西面前,谁挺住,谁胜利!

就这么上课、下课、上课,周而复始。一开始,大家都正襟危坐。渐渐地,有点松弛。我在人群中搜寻美好的面孔,以此提神。就像讲民法的老钟所说,喜欢看美好的东西,一看再看。

4

司法考试是个记忆量庞大的活动,要和遗忘搏斗。今天看了,懂了,明天忘了,再看,又忘了……重回学校,重回高考那段时间的感觉,渡过水面风平浪静、底下白骨成堆的河流。打破信心,跌入河底,再爬起来。

还要和自己的年龄、体力搏斗。9 年前,跑过全程马拉松。如今,气喘吁吁再次出发,晚上自习过后,绕着操场一圈一圈跑,手机上放着《平凡之路》《易燃易爆炸》……越跑,就越觉得年轻,仿佛能跑回十年前。

像陀螺一样转下去。我在跑到第七圈的时候,看到五只萤火虫。半明半暗的操场旁边,杂花生树,萤火虫飘忽、游移,天空看得见星星。

我想起大学舍友坚哥的一首诗：天上的星星很多，地上的人很多。你说，是天上的星星多，还是地上的人多？我说，都很多。

坚哥早就不再写诗，他发福了，他说自己有150多斤了。

大学舍友光仔也发福了，小个子成了胖子，还有了两个小孩。

大学同学阿波也发福了。早在上大学的时候，此君或因睡眠过多，形貌和性格都较为自由奔放，不喜受缚，爽或不爽之时往往脱口而出淫秽之词。此君标志性动作是竖中指，想当初我们并不熟识，他开玩笑说，“你觉得她怎么样”，右手中指一竖，我大吃一惊，想这厮也太胆大包天、太不识时务了，当着女生敢面不改色地竖中指，我直想遁地而逃，实在丢不起这人啊。后来相熟了，才明白纯属无意的动作，这竖中指在他眼里就是一普普通通的动作，不过用为指这指那、指东指西。但是，实在忍不住就多竖一指，呈“V”状，或者食指、中指双剑合璧而出，总好些吧。不知道他改了没有？

我和阿波曾通宵达旦吃烧烤、喝啤酒，一箱啤酒多不多？醉后，两人横七竖八躺在厦门大学校道上，沉沉睡去。清晨醒来，我恍惚发现钱包、手机丢了，鞋子丢了一只，袜子被阿波穿在脚上。

大学同学老傅却瘦了。他一直在创业。

在似水光阴里，阿波、老傅是我的狐朋狗友，是我的哥们，虽性格各异、志趣不同，但一切无妨。

毕业前，我们一起吃烧烤、喝啤酒，老傅流着泪说，“彬哥，其他人我都不担心，就担心你，性格太直了。”我没说话，右手靠在桌子上，喉咙有些干，眼睛一下模糊。我端起酒杯，说“喝吧”，一饮而尽。这时，阿波红着眼睛说，“看到你们俩哭，我也想哭。有时候，我怀疑自己是不是太虚伪了。”

现在想来，那段时间郁积的情绪，是我二十多年来从未有过，可能也是老傅和阿波从未有过,只因"青春是一种化学的发疯形式"。大学四年,我们一起疯过,却要各奔东西。

5

那年夏天很快结束,我们从学生变为社会人。

这个夏天也结束了。准备得并不算非常充分,但不管如何,要上考场。

卷一、卷二、卷三、卷四,一门又一门。我抬头看看墙上的时钟,滴滴答答往前走。

差强人意答完,走出教室,走进猛烈阳光中。

6

2016 年 11 月 22 日早上,8 点到了。我故作从容,艰难地、缓慢地吞下花生包。先吃点东西,才能面对"结局"。总要有点精神,才能扛得住。

在微信公众号上查询,在线的人太多,登不上。再查一次,弹出总分 395 分。不敢相信,截图保存。想再查一次,登不上了。但我知道,过了。

我在客厅情不自禁地大喊一声:耶!

我终于可以转型做律师了。

2016 年 10 月 22 日　初稿

2016 年 11 月 22 日　修改稿

初出茅庐：远方的骗局

最近收到一份刑事判决书，我和同事韩律师代理的一桩非法集资案终于尘埃落定。法院认定，被告人周某非法集资4000万元，实际非法占有3100万元，构成集资诈骗罪。根据当地司法实践，周某可能被判处10年以上有期徒刑，有类似案件甚至被判处15年有期徒刑、无期徒刑，经过我们的有效辩护，周某仅被判处7年有期徒刑。同时，我们还努力为周某的儿子保住了一套价值数百万元的房子，避免其被认定为赃物。那么，我们是怎么辩护的？

房子和人

2017年7月底的一天，我在厦门家里。朋友孙律师发了条微信，问我有没有兴趣代理一桩非法集资案。孙律师平时做非诉业务，很少做诉讼案件，她知道我们是专业做刑事案件的。我说可以，并把律所、我和同事韩律师的一些资料发给她，让她转给当事人。

第二天一大早，我飞回南京。当天傍晚，嫌疑人周某的儿子小周来了，长得挺清瘦的小伙子。同事韩律师还没来，我就先在洽谈室接待小周，询问了解基本情况，得知其父母借高利贷，采用拆东墙补西墙的方式非法集资数千万元，最终撑不下去，人身安全也受到放贷者的屡次威胁，于是父母双双去自首。其父母涉嫌非法吸收公众存款罪,被羁押在G城看守所。该案被江西G城公安局移送检察院,检察院第二次退回补充侦查。言谈中,小周也很关心他名下两套南京的房子,房子目前均被公安机关查封,他反复问能否保住。于是,我分析非法吸收公众存款罪的定性和量刑情况后,再有针对性地分析他的两套房子。第一套房子是他父母给了200万余元,让他买房子,有赃物嫌疑,保住的难度比较大;第二套房子从法律上看有争议,希望比较大。总之两套房子都可以去努力争取。正在谈论间,韩律师来了,他听过情况后,和我的意见一致。

8月初,我和韩律师去江西G城,傍晚5点乘坐绿皮火车出发,经过14个小时,第二天早上7点到达。我买了一只烤鸭和几包花生、几瓶啤酒,在慢悠悠的绿皮火车上,和韩律师对饮。

到了G城火车站,老的平房、老的设施,时间仿佛倒流,像极了90年代。G城是个安静悠闲的千年古城,当然,如今只剩怀想而已。我们打车去检察院,复制卷宗,和检察官沟通案情,并提出房子相关事宜,再去公安局。接着去看守所会见周某。周某长得瘦削,情绪还算稳定,他再三说,判刑多少年都认了,最大的心愿就是保住子女的房子,免得他们到时没有片瓦遮身。

突然的消息

回到南京后,我花费半个月时间,反复阅读卷宗材料,仔细梳理每一个细节,把每一笔借款和还款明细整理出来,发现矛盾之处颇多;我把每一个集资参与人与周某夫妻的社会关系整理出来,发现28个借款对象中,绝大多数是特定的同学、同事、亲戚、朋友，相较大范围的非法集资，社会危害性较小，并且其中6人非但没有实际损失，反而有所获利。我和韩律师反复讨论，拆东墙补西墙借款用于还款而未用于挥霍的情形该如何定性。这是一起非典型的集资案。

同时，我们要把小周两套房子的资金来源彻底搞清楚，搜集有利的证据材料。关于第一套房子，据周某夫妻称，给了250万元，来源是他们的股金和工资绩效，以及银行抵押贷款、消费贷款。我们为此向检察院申请调取了相关的贷款等资料。关于第二套房子，我们要做的就是把买房的每一笔资金理清楚，并且要有相关的证据材料。为此在20多天里，我不断和小周沟通，搜集POS单、银行卡流水、朋友借款和还款记录、购房合同、小周和每一个朋友的情况说明，每一笔钱都要有双方的银行卡流水互相印证，以此证明首付款70万元是小周使用个人合法资金以及向朋友大笔借款而支付的，与其父母无关，其父母也不知情，应尽快解除查封。

接着，我和韩律师连续加班几个晚上，撰写、完善《关于周某涉嫌非法吸收公众存款罪一案的法律意见书》，搜集、整理8份证据材料，递交给G城人民检察院。

就在我们等待的时候，一个极其不利的消息突然传来。G城人民检察院认为该案涉嫌集资诈骗罪，移交给上级检察院某市检察院。这意味着，原本量刑3年到10年有期徒刑，现在可能判处10年以上有期徒刑，甚至有类似案件被判处15年有期徒刑、无期徒刑。罪名更重，量刑很可能更重，情况很不乐观。我和韩律师继续反复研究非法吸收公众存款罪、集资诈骗罪，研究卷宗材料，寻找突破口。

有必要再去一趟,此时已是冬天。我和韩律师来到某市人民检察院,我们重点说了三条意见:一是两套房子的归属问题,是小周的个人财产,与其父母无关,详见提交的法律意见书和证据材料;二是定性问题,是涉嫌非法吸收公众存款罪,而非集资诈骗罪;三是涉案金额问题,存在事实不清,证据不足,嫌疑人周某称大部分高利贷借款是用现金支付利息,一般是借款人通过银行转账给周某夫妻,周某夫妻取出后用现金支付利息,这是行业潜规则。周某称大部分借款都还了,有的甚至多还了,而出借人则称大部分没还,两方都是口头陈述,具体金额较难认定。办案检察官是个温和的中年女性,耐心听取我们的意见后,赞同涉案金额应适当核减,但对房子问题和定性问题双方仍有分歧。

接着,我和韩律师坐绿皮火车去 G 城,这次周某的弟弟开车来老站台接送,方便了许多。我们到看守所会见周某。周某已知案件移送某市人民检察院,心态平和,仍旧只是惦记着子女的房子能否保住。我们还谈到主从犯问题,根据卷宗材料和周某陈述,我们认为周某是从犯,周某妻子是主犯。周某提出,希望自己是主犯,妻子是从犯,让妻子早点出去,自己多坐几年牢也无所谓。人总是呈现出多面性,周某是犯罪嫌疑人,但同时也是父亲、丈夫,对家庭有担当。此后几次会见,我们反复进行沟通,终于达成共识,仍然辩护周某是从犯,周某如能早点出狱,还能赚钱,帮助子女。当然,最终能否认定为从犯,要看证据,要看法院。

最好的结果

案件起诉到某市中级人民法院后,我们前去递交法律意见书。法官听取了我们的意见。然后,我们再次去G城看守所会见周某。

转眼到了2018年1月,在某市中级人民法院开庭审理。此前我和韩律师反复探讨,不断完善辩护方案,并收集了新的证据材料,证明周某的还款金额远不止800万元。

在法庭上,我们提出:

1. 现有证据不能证明被告人周某构成集资诈骗罪,其不具有非法占有目的。周某夫妻自2012年开始,向裴某等4人借款1000万余元,用以承接工程。后工程未能中标,周某夫妻将这些钱转借给黄某,用于赚取利息,该情况是裴某等4人默许的。该部分1000万余元属于民间借贷,针对的是特定4人,并约定较高的利息。4人借款给周某,周某借款给黄某,周某的行为是一种营利活动。2014年8月,黄某因涉嫌集资诈骗罪案发,致使被告人周某无法要回大量的本金和利息,周某也就无法进一步支付给裴某等4人高额利息。此后,周某忙于借钱,累积至数千万元,几乎全部用于归还债务,并未挥霍钱款或者逃匿,也未转移资金。相反,周某主动列出借款还款明细。直到自首前一个月,周某还在积极筹措钱款,使用自己的银行股金作为抵押申请贷款300万元,周某还向姐姐和妹夫分别借款20万元,都用于还债。因此,本案没有确实充分的证据证实周某具有非法占有的主观故意和行为。周某绝大多数时候以"资金周转"为由借款,也并未实施诈骗行为。

2. 起诉书指控的犯罪数额事实不清,证据不足。起诉书指控的数额中包含部分利息,存在利息充作本金现象。被害人出于自身利益考虑,并未完全透露高额利息返还的情况,有些人的实际损失被夸大。周某称大部分钱款用于还债,被害人则称大部分钱款未还,双方都没有更确实充分的证据予以证实,存在真伪不明的情况。

3. 周某是自首。周某由于人身安全受到放贷者的威胁,到派出所寻求“保护”,但仍然是自动投案。虽然周某不认为自己构成集资诈骗罪,但周某如实供述了犯罪事实,对行为性质的辩解不影响自首的认定,其仍然构成自首。案发后,能尽力退赔退赃。

4. 周某在犯罪中起次要作用,是从犯。大部分出借人是周某妻子的同学、同事或者亲戚朋友,我们详细罗列了出借人与周某妻子的社会关系,予以证实。大部分人是由周某妻子联系借款并支付利息的,周某配合妻子在借条上签字。

针对两套房子,我们再次阐明资金来源。

回南京后,我们整理了新的辩护词,提交给法院,并多次和法官沟通。

2018 年 6 月初,某市中级人民法院宣判。我们远在南京,法院快递判决书过来。打开判决书的时候,心里多少有些紧张。翻到最后一页,周某犯集资诈骗罪,仅判处有期徒刑 7 年。量刑轻了许多,不错。再看倒数第二页,保住了小周第二套房子。法院采信了我们提交的证据材料,不认定房子为赃物,应解封并返还。我们的努力没有白费。

仔细看这份判决书,虽然没有认定周某是从犯,但是认为在共同犯罪中周某妻子所起作用更大,对周某可酌情从轻处罚。此外,认定周某构成自首,案发后能尽力退赔退赃,可减轻处罚,因此才有周某获刑 7 年、周某妻子获刑 10 年的结果。

如果不是我们再三阐述周某不构成集资诈骗罪,如果不是我们再三坚持周某是自首,是从犯,很难想象一个可能判处 10 年以上有期徒刑,甚至 15 年有期徒刑、无期徒刑的案件,最后减轻刑罚的力度会如此之大。

这桩案件,历时一年,获此结果,殊为不易。从收案,埋头研究,不断探讨,努力收集证据材料,撰写法律意见书,到数次往返南京、某地,横跨 600 多公里,和检察官、法官保持沟通,在法庭上有效辩护,环环相扣,我和韩律师互相配合,全力以赴,打了一场踏石留印的战役,也获得了委托人真挚的感谢。

2018 年 7 月 3 日

多元视角：新冠疫情时期的缓刑

“蓝律师，李达（化名）这个案子什么时候能结束？家里人都好着急，他妈妈都快疯了。”

“蓝律师，李达什么时候能回家？他这个案子又不严重，为什么拖了这么久？”

“蓝律师，李达什么时候能出来？他妈妈这几天都不吃饭，也睡不着觉，身体都垮了。”

……

每隔几天，我就接到李达父亲的电话，有时是我早上睡眼蒙胧要起来的时候，有时是我满身疲惫准备下班的时候，有时是我刚吃完晚饭休闲散步的时候。不仅是李达的父亲，还有他的母亲，他的姑姑……七大姑八大姨也时不时来关心一下。直到我和他们说，指定一个人和我联系，电话的频繁程度才稍微缓解。

一个家庭，可能一辈子也碰不到一次刑事案件，或者只碰到一次刑事案件。李达的家庭就碰到了。

经过专业的辩护，2020 年 4 月，在新冠疫情这个特殊时期，李达终于被宣告缓刑，可以回家了。

是盗窃罪还是侵犯公民个人信息罪

2019 年 1 月初的一天傍晚，南京的冬天一如既往地寒冷。李达的父亲通过老乡介绍，愁容满面地来到律所，找到我。李达的父亲说,李达可能是盗卖某网络商城优惠券被抓了,罪名是盗窃罪。我和同事韩律师接受代理,决定第二天一大早就去看守所会见嫌疑人李达。

李达是个 20 多岁的年轻人。会见过程中,李达的陈述和他父亲的说法不同。李达说,他在 2018 年 10 月左右,从 QQ 群里网友处购买苹果手机 ID 账号和密码,转手卖给下家,充当中介角色。其买卖的上万个账号中,绝大部分是无用的假号,真实的账号大约为 2400 个,卖给下家的价格为每个 5 元,其销售额约为 12,000 元,扣除给上家的进货款 9000 元,其总共获利仅 3000 元左右。

李达说,他不认识上家,也不认识下家,均是通过网络偶然地联系。这只是他的一份兼职,他认为下家购买苹果手机账号是用于“养号”“充值”“退款”,他并不知道下家利用这些账号实施盗窃行为。

按李达的理解,下家购买苹果手机账号用于养号、充值、退款,是指用苹果手机账号注册、登录游戏,用自己的钱给账号充值,获取游戏装备,进而卖给他人。这期间,再向苹果手机官方谎称该账号被盗号,要求退款。苹果手机官方对于第一次退款的请求一般会予以满足。他们赚取的一方面是苹果手机官方的退款,另一方面账号卖给他人,进而获利。游戏公司容许这种呆账、坏账,该账号的游戏装备并不会因为退款而失效,也就是说买家不会有损失。

据李达陈述,他曾经明确问过下家购买苹果手机账号的用途,下家也明确告知用于“养号”。如果他知道下家用于盗窃,那么他卖给下家的价格不可能这么便宜,售卖的价格至少要翻倍。

和李达初步沟通后，我认为李达不构成盗窃罪，有可能涉嫌侵犯公民个人信息罪，他的主要行为是非法出售公民个人信息。

在李达被刑事拘留满 20 天的时候，我向公安机关提交了《取保候审申请书》。我认为李达没有盗窃犯罪的主观故意，他和下家没有共同犯罪的意思联络，没有共同实施盗窃的客观行为。他完全不知道盗窃金额多少，没有任何提成。他也没有利用苹果手机账号进行充值或者转账。

2019 年 2 月，公安机关没有同意取保候审，报请检察院批准逮捕李达。于是，我和韩律师去找检察官沟通，递交《关于建议对李达不予批准逮捕的法律意见书》。检察官是个年轻的法律人，听取我们的意见后，也认为本案罪名有争议，可能涉嫌非法获取计算机信息系统数据罪或者侵犯公民个人信息罪，而不是盗窃罪。检察官也认为犯罪情节较轻，可以考虑不批捕。我们松了口气，事情在往好的方向发展。

但是，到了傍晚，情况发生重大变化。检察官打电话和我说，李达除了目前查明的事实，可能还在山东涉嫌其他犯罪行为，要批准逮捕，继续侦查。略可安慰的是，罪名从盗窃罪变更为非法获取计算机信息系统数据罪。

批准逮捕满一个月的时候，我向检察院提交《李达非法获取计算机信息系统数据案羁押必要性审查申请书》。我认为本案事实基本查清，证据已经收集固定，李达符合取保候审条件。李达犯罪情节较轻，违法所得较少，系主观恶性较小的初犯。李达愿意退回全部赃款，认罪悔罪态度好。李达不具有继续羁押的必要性。

我还提到，最高人民检察院要求，加大办理羁押必要性审查案件力度,最大限度减少不必要羁押。各地执检部门将羁押必要性审查工作作为维护在押人员合法权益的重要途径,对于没有继续羁押必要的,及时建议办案机关予以释放或者变更强制措施,最大限度防止不应当羁押,减少不必要、不适宜羁押。

虽然申请未果,我继续保持和公安机关、检察院沟通。

根据数量还是违法所得来定罪量刑

2019年4月,李达被公安机关移送检察院审查起诉。关于罪名,我和检察官多次沟通,认为是侵犯公民个人信息罪。检察官予以认同。

经过研究案卷,我再次和检察官当面沟通,提出虽然李达本人供述买卖了上万条个人信息,但是没有其他充分的证据予以证明,因此不能按出售的公民个人信息数量来定罪量刑,而是应当按照违法所得12,000元来定罪量刑。

按照司法解释,非法获取、出售或者提供住宿信息、通信记录、健康生理信息、交易信息等其他可能影响人身、财产安全的公民个人信息500条以上的,为“情节严重”,处3年以下有期徒刑或者拘役,并处或者单处罚金;5000条以上,为“情节特别严重”,处3年以上7年以下有期徒刑,并处罚金。违法所得5000元以上的,为“情节严重”;5万元以上,为“情节特别严重”。

因此,如果按照李达出售的1万多条公民个人信息数量来定罪量刑的话,可能判处3年以上7年以下有期徒刑;而如果按照违法所得12,000元来定罪量刑,可能判处3年以下有期徒刑。孰轻孰重,一目了然。

经过沟通,检察官也认同在数量难以查清的情况下,按照违法所得来定罪量刑。

其间,因为山东其他案件以及可能涉及国外大量账户的犯罪案件,情势一度较为严峻。我们认为在事实不清楚、证据不充分的情况下,不宜随意扩大认定李达的犯罪事实。最终,检察院也认可仅以南京的案件起诉。

法因时而立,而进,而变

这个案子的卷宗我看了好几遍,平时有空就琢磨怎么辩护更有效,还在中国裁判文书网上把南京近三年类似案件判决书下载下来研究。

有一天,我突然想到一个新的辩护角度。

人类进入互联网时代,信息越来越泛滥,一方面,用户为了生活便利可能无意中暴露了大量个人信息;另一方面,非法获取、出售或者提供公民个人信息的情况也越来越多,随处可见。你去一趟售楼处,今后可能就会无数次接到房产中介的电话。你参加一次商场活动,今后可能就会无数次接到销售人员的电话……

侵犯公民个人信息犯罪越来越多,涉案的信息数量越来越多,同时侵犯公民个人信息犯罪的入罪门槛极低。根据相关司法解释,非法获取、出售或者提供行踪轨迹信息、通信内容、征信信息、财产信息 50 条以上的;非法获取、出售或者提供住宿信息、通信记录、健康生理信息、交易信息等其他可能影响人身、财产安全的公民个人信息 500 条以上的;违法所得 5000 元以上的,都认定为“情节严重”,处 3 年以下有期徒刑或者拘役,并处或者单处罚金。数量或者数额达到前述规定标准10倍以上的,认定为“情节特别严重”,处3年以上7年以下有期徒刑,并处罚金。简言之,出售50条或者500条以上公民个人信息就可能被判刑。

我想到了贪污贿赂犯罪。2016年4月18日之前,贪污或受贿10万元以上,就可能被判处10年以上有期徒刑。随着社会的发展,物质的丰富,货币的贬值,这样的规定已经不适合实际,罪责刑变得不相适应。有的官员想着受贿10万元是判10年以上有期徒刑,受贿100万元也是判10年以上有期徒刑,受贿1000万元还是判10年以上有期徒刑,索性就多收一点钱,玩命收钱吧。

“法者,天下之公器;变者,天下之公理也。”法因时而立,而进,而变。正因为社会发生变化了,相关的规定也需要与时俱进。2016年4月18日起施行新的贪污贿赂案件司法解释,“数额特别巨大”的标准一下子从10万元提升到300万元。

我想,随着社会发展,侵犯公民个人信息犯罪的入罪门槛,在以后有可能提高,甚至大幅提高。侵犯公民个人信息犯罪关于数量或者数额的定罪量刑,有可能发生变化。

这样的视角,既是法律的视角,也是社会学的视角。法律从来不是孤立的,是与社会同频共振的。

我把上述观点和检察官沟通,希望检察官能够在法律范围内建议缓刑。检察官在一定程度上赞同我的观点,但不同意适用缓刑。检察官一开始反对缓刑,称如果法院判缓刑的话,可能会提起抗诉。后来经过多次沟通,检察官态度有所缓和,法院怎么判就怎么判,他这边一般不会提起抗诉。

经过多次沟通,检察官建议量刑1年6个月到2年有期徒刑。

从法律视角和社会学视角综合辩护

2019 年 11 月,法院开庭审理本案。李达家人提前一天就来到南京。

在法庭上,我提了一些常规的辩护观点,包括李达如实供述,系坦白,可以从轻处罚。李达系主观恶性较小的初犯,没有再犯罪的危险。李达愿意退回全部赃款,认罪悔罪态度好。宣告缓刑对所居住社区没有重大不良影响。此前,我已经让李达父亲去村委会出具证明,证明李达平时表现较好,无违法犯罪劣迹。村委会愿意对其进行有针对性的管理、教育和改造的工作,矫正其犯罪心理和行为恶习,使其顺利回归社会。

李达的心态就是赚点小钱,赚点差价,不想做风险大的事情,其获利较小。李达违法所得约为 12,000 元,违法所得较少,犯罪情节较轻,不属于"情节特别严重"的情形,法定刑为 3 年以下有期徒刑或者拘役,并处或者单处罚金。

根据《最高人民法院、最高人民检察院关于办理侵犯公民个人信息刑事案件适用法律若干问题的解释》第 10 条,实施侵犯公民个人信息犯罪,不属于"情节特别严重",行为人系初犯,全部退赃,并确有悔罪表现的,可以认定为情节轻微,不起诉或免予刑事处罚;确有必要判处刑罚的,应当从宽处罚。

李达符合上述规定的情形,应当从宽处罚,建议宣告缓刑。

我还增加了一些新的辩护观点:随着信息化的网络时代来临,公民个人信息主动或被动泄露的情况越来越多,某种程度上这是人们享受网络便利的一些必要或不必要的代价。办理侵犯公民个人信息刑事案件一方面要符合法律法规的规定，同时也需要注意时代飞速的发展变化。正如办理贪污贿赂犯罪，以前贪污或受贿 10 万元以上，就可能面临 10 年以上有期徒刑，后来随着经济和社会的变化，这种量刑标准已经不适应社会形势，从而把 10 万元修改为 300 万元。

辩护人认为，不排除随着社会的飞速发展，侵犯公民个人信息刑事案件也可能适当地提高处罚的门槛。因此，司法机关对此类案件的量刑，一方面要符合法律法规的规定，同时不妨也具有一些前瞻性的视角。

辩护人认为李达符合宣告缓刑的条件。此外，李达家庭情况特殊，父母都是农民工，其系独生子女，是家里的经济支柱，案发前也已经准备和女朋友结婚，如果判处实刑，家庭会陷入更大的困境。请法院查清事实，对其适用缓刑，给他一个悔过自新的机会。

在第二轮法庭辩论阶段，公诉人提出，第一，李达还涉嫌山东案件，李达电脑里还有国外的大量账户涉嫌犯罪，因此不仅仅是本次指控的犯罪，其犯罪情节严重。第二，侵犯公民个人信息犯罪越来越多，社会危害性大，要严厉打击。

我边听边梳理思路。我提出，第一，山东案件和国外大量账户问题与本案无关，不在起诉书指控范围，不在本案审理范围，不能因此说李达犯罪情节严重。第二，辩护人不否认侵犯公民个人信息犯罪具有一定的社会危害性，但也应当看到，现代社会中个人信息实际上越来越开放，越来越多，从某种程度上来说个人信息也在贬值。现在还有刷脸支付之类的便利。以后大家生活在更开放、更透明,甚至可能更加没有隐私的社会,这是一种趋势。人们享受包括网络在内的便利,要付出一些必要或者不必要的代价。对侵犯公民个人信息犯罪应该更谨慎地评价。不是说不要打击,而是要做到罪责刑相适应。

我在发表辩护意见的时候,不经意间看到台下李达的父母哽咽抽泣,这就是天下父母心。

开完庭之后,我再次提出退赃 12,000 元。此前,我曾经和公安机关、检察官都提出退赃,他们的意思是到法院阶段再退。法官说,你们要想清楚,退赃不能保证判缓刑。我说,李达和家属的退赃意愿非常强烈,不管能不能判缓刑,都愿意退赃,希望法院在量刑的时候,慎重考虑能否适用缓刑。法官说会慎重考虑。

退赃之后,每隔一段时间我就主动联系一下法官,询问进展,沟通交流。

良性沟通,努力没有白费

2020 年春节,一场史无前例的新冠疫情席卷而来。

春节前后,我多次联系法官。2020 年 3 月,法官终于同意原则上适用缓刑。

下一步,就是要确定社区矫正机构,要找到同意接收李达的司法局。在新冠疫情特殊时期,这件事增加了不确定性,很多地方的心态是多一事不如少一事。

李达父母希望李达能够在长沙社区矫正,因为他的房子买在长沙,长沙是省会城市,各方面都比较方便。

我多次请教司法所和法院的人之后,给李达父母分析说,李达的经常居住地是湖南长沙,户籍所在地是湖南 M 县。也就是说湖南长沙和 M 县都可能接收。目前来看,老家 M 县接收的可能性很大,毕竟比较熟悉,是保底的。因为新冠疫情仍在持续,让长沙接收的难度较高。我让李达父母马上去询问长沙的区司法局、司法所以及街道办,侧面了解是否同意接收。如果同意,就让法院发社区矫正调查函给长沙。如果不同意,那么马上要和老家 M 县司法所联系。

黎明就在眼前,现在仍然有些不确定的因素。李达的父母非常着急,我一方面安慰他们,另一方面指导他们该做些什么。李达父亲去了长沙的司法局和司法所,得到的回答是会按照相关规定办理。

于是,我和法院联系,让法院发函给长沙。

李达父亲告诉我,长沙的司法所和街道办找过他了,李达接收到长沙一事应该没问题。

平地起波澜,过了几天,法官联系我说,长沙那边的回复是新冠疫情特殊时期,不方便接收。

我马上请法官再次发函到李达老家 M 县,随后让李达父亲赶紧回老家配合。

一次又一次的沟通,努力没有白费。2020 年 4 月,法院宣判,被告人李达犯侵犯公民个人信息罪,判处有期徒刑 1 年 6 个月,缓刑 1 年 6 个月,并处罚金 2 万元。

李达的家人给我发微信说:“蓝律师,感谢你一年来的帮助,事情总算有了圆满结局。其间经历了太多的事情,感触较深。他刚进去时一家人焦虑,无助,心碎,期盼再期盼,从来没经历过大事情的一家人,在你的用心与努力下,一次又一次让我们走向希望。虽然,我们知道律师的职责权限,但我们还是将所有的希望都寄托在你身上,就当你是判官你能左右结局,所以一次次给你压力,每个人都向你打听结局,不管你烦不烦、忙不忙都不停找你,不管是上班时间还是下班时间,给你的日常生活带来了不少麻烦,在此,向你感谢和道歉!你是一位责任心极强的律师,一位有责任感和担当的孩子爸,这一切都源于你良好的家庭教育和高校教育,很羡慕你的爸妈,有像你这样一个优秀的儿子!人生路说长不长,说短不短,李达(化名)的人生中这一段,应该是较深刻的记忆了。在年龄上你和他相差不大,但你给了他不少做人的指导,他会从心里感谢你的,现在或将来。不到一定年龄,有些事悟不到。希望他能重新快速融入社会,成家立业,这样一家人也就放心了。一个人活着不是为了自己,这次感受太深了!大恩不言谢!祝蓝律师身体健康,事业有成,家庭幸福!"

李达的父亲给我和韩律师送了一面锦旗,"正义的守护者,人民的好律师"。锦旗这几个字有点拔高了,我还是争取踏踏实实办好每个案子,兢兢业业维护当事人利益。"你办的不仅是案子,还是他人的人生",在新冠疫情特殊时期,我又想到了这句话。

2020 年 4 月 28 日

树立信心：无罪辩护后的不起诉

这是一个疑似涉案金额上百万元、夫妻双双被抓获的案件。

这是一个历时一年半努力辩护、律师和检察官良性沟通的案件。

最近，我代理的于翔（化名）涉嫌诈骗罪一案，经过和华东 M 县人民检察院办案检察官反复沟通，递交多份法律意见书，检察院以事实为依据，以法律为准绳，严把证据关口，最终作出不起诉决定。

生日宴会上夫妻双双被抓

2019 年 11 月 11 日，正是“双十一”购物狂欢节。这天，也是于翔老婆的生日，于翔特意选在厦门一家大酒店，邀请八九个亲朋好友，一起庆祝。正在切蛋糕的时候，华东 M 县警察长驱直入，于翔夫妻俩和两个朋友被抓获，涉嫌诈骗罪。

于翔的弟弟是一个踏踏实实的上班族，从未遭遇如此家庭变故，难免惊慌。通过朋友介绍，委托我为于翔辩护。

于翔的弟弟说了一个小时候的细节，让我转告于翔，这样于翔就会信任我。那是兄弟俩几岁的时候，玩捉迷藏的游戏，一个躲在电视机后面，另一个找了好久没找到，直到天黑下来。

我去看守所会见于翔，于翔一听到小时候的故事，马上就说：“蓝律师，我相信您。”随后，我详细询问于翔做了什么事，为什么被抓。

于翔说,他曾在菲律宾某博彩网站上班,担任推广人员,在网络上吸引客户参与博彩,报案人、被害人王超(化名)就是客户之一。于翔说,他被要求退赃150万元,但他不是网站的老板,拿不出这么多钱。

如果真是诈骗150万元以上,那么很可能面临10年以上有期徒刑。形势似乎比较严峻。

我问,这个网站是不是“杀猪盘”?他说,不是。

是不是可以在后台操纵或修改结果?不可以。

在菲律宾是不是有合法正规的执照?有。

随着询问的深入,我感觉到水上风平浪静,底下暗流涌动。作为辩护人,一方面要依法依规全力辩护,另一方面也要注意辩护策略,争取较好的结果。

我和于翔说,刑事案件是要看证据的,本案是否构成诈骗罪有争议,我会和公安机关沟通,先努力争取取保候审。

第30天顺利取保候审

随后,我去M县公安局刑警大队,和办案民警当面沟通。我把观点初步和民警交流,民警态度客气,说要和领导再汇报。

此后的十几天,我又两次会见于翔。毕竟涉嫌跨境网络犯罪,需要更深入地了解。言谈中,于翔还说起自己的经历,曾经做进口沙发生意,一直不错,不料被国外一个供应商诈骗600多万元,导致财务崩溃,不得已去菲律宾谋出路。

了解案情之后,我梳理思路,撰写取保候审申请书。我认为,于翔在菲律宾某博彩网站担任推广人员,这家网站在菲律宾拥有合法正规的执照,且后台不能操纵结果,不能修改开奖的结果。于翔作为推广人员,接受公司指派,维护客户关系,包括本案报案人王超。于翔没有虚构事实、隐瞒真相,没有实施诈骗行为。

刑事拘留第 30 天,于翔得以取保候审。而于翔的妻子因为和本案无关,更早之前就被取保候审了。

疑云重重竟被移送检察院

时间流逝,经历过 2020 年新冠疫情,取保候审马上就要满一年了。这时候,于翔又开始焦虑起来。

2020 年 12 月,M 县公安局将于翔涉嫌诈骗案移送检察院审查起诉。我立即前往检察院阅卷。

公安机关认为,犯罪嫌疑人于翔等人在某网站工作期间,以虚拟的女性身份,通过聊天诱导受害人王超在某网站充值数十万元用于博彩活动。后受害人王超在某网站充值平台赢取的 40 万元未能正常提现,且有部分资金被于翔安排汇入其他犯罪嫌疑人陈某、何某银行卡中。经调取银行流水,受害人王超的损失约为 16 万余元。

拿到卷宗后,我反复查阅、摘抄、对比,发现本案疑云重重,辩护空间很大,越看越有信心,越发坚定做无罪辩护的想法。首先,程序违法,包括管辖权存在争议。其次,证据不足,客观证据较少,基本都是言词证据。

考虑再三,确定辩护策略,不需要一次性把所有的牌都打出去,先从证据方面着手辩护。我让于翔也提供真实的证据材料,包括开设的火锅店现场视频和图片,证明生意火爆,于翔有经济来源。小龙虾购货单,证明于翔在做小龙虾生意,一次小龙虾进货款就高达11万余元。证人王某的证明,证明王某与于翔合作小龙虾生意,合作期间于翔年销售获利大约在50万元,也就是说于翔不需要靠诈骗为生。

我利用晚上和周末完整时间,写成16页的法律意见书。

我开篇就向M县人民检察院提出,本案事实不清、证据不足,建议检察院作出不起诉决定。

第一,现有证据无法证明某网站系诈骗平台。

关于某网站,现有证据材料不能证明它是一个在后台可以操纵结果的诈骗平台,不能证明这是一个随意操纵的“杀猪盘”。只有言词证据、没有客观证据能够证明存在某网站。目前,连某网站是怎样的一个平台都没有调查清楚,连是否曾经有过这样的一个网站都没有调查清楚。

所有关于某网站的信息,都是言词证据,而言词证据在没有客观证据佐证的情况下,具有极大的不确定性,其真实性存疑。

据于翔陈述,其曾在菲律宾某博彩有限公司上班,担任普通的推广人员。这家公司的网站在菲律宾拥有合法正规的执照。这个网站的后台不能操纵结果,不能修改开奖结果,是正常正规的网站。

第二,现有证据无法证明于翔利用某网站实施诈骗。

据于翔陈述,于翔作为推广人员,接受公司指派,维护客户关系,包括报案人王超。公安机关提到于翔以虚拟的女性身份和王超聊天,实际上是于翔和公司女同事共用一个微信号和王超沟通,确实有女同事和王超沟通。用女性身份微信沟通,容易拉近客户距离,这也是行业内常见的营销方式。

于翔没有虚构事实、隐瞒真相,没有实施欺诈行为。相反地,其多次劝王超赢了钱见好就收,不要再参与博彩,劝王超好好上班,不要再玩了。王超不听劝解,越陷越深。

公安机关提到王超声称在某网站赢了40万元却不能提现,这是有原因的。王超采用对刷的方法刷水套利,使用作弊的方法赢钱,后被网站AG风控部门监测到。AG风控部门要求王超重打流水,重新打一次,证明自己没有作弊。但是,王超不愿意重新打一次,于是风控部门判定其作弊,最终冻结其账户。

具体来说,东南亚的博彩网站都用AG系统,相当于AG系统是一个大超市,大超市下面有很多相当于小超市的网站。所谓的刷水套利,就是在两个网站自己和自己对赌,在一个平台买龙,在另一个平台买虎,两个平台总有一输一赢,自己实际上是没有损失的。与此同时,平台为了激励更多人参与博彩,对于流水可以退还一部分钱,也就是返水(类似于返点的意思)。王超就是在网站刷水套利,在某网站以及另一个网站对刷,赚取返水,被AG风控部门判定为作弊。某网站以及另一个网站都是使用AG系统的,这两个网站是无法知道王超刷水套利的,只有更高层级的AG系统风控部门能够监测到刷水套利,并且告知某网站。王超还通过打负盈利的作弊方式赚钱,他在两个平台同时承诺让自己输,然后在输的平台赚取返点,一般可以返还40%。

现有证据无法证明于翔能够影响AG系统风控部门的判断和决策,现有证据无法证明于翔是某网站的负责人,现有证据无法证明于翔利用某网站实施诈骗。

第三,于翔让何某、陈某转或取的钱款,来自于翔经营火锅店和小龙虾生意所得,而不是诈骗所得。

公安机关提到,被害人王超于 2019 年 6 月至 2019 年 7 月在某网站充值的资金,有部分被于翔安排汇入陈某、何某的银行卡中,后由陈某、何某从银行取出。

实际上,于翔让何某、陈某转或取的钱款,来自于翔经营火锅店和小龙虾生意所得,而不是诈骗所得。

2019 年年初,于翔和李某等人在菲律宾合伙成立火锅店,占地 400 平方米。现场视频和图片显示,生意火爆。

于翔还跟人合伙做小龙虾生意。于翔提供的购货单显示,于翔一次小龙虾进货款就高达 11 万余元。证人王某的证明显示,其与于翔合作小龙虾生意,合作期间于翔年销售获利大约在 50 万元。

据于翔陈述,他让何某、陈某转或取的钱款,来自经营火锅店和小龙虾生意所得,而不是诈骗所得。还有一部分钱,来自他给别人介绍工作抽取的佣金。

同案犯何某、陈某的供述也显示,于翔的钱款,可能是经营火锅店生意所得。

至于于翔为何让何某、陈某取出现金给于翔的妻子、母亲,于翔的解释是因为他早年做生意失败,欠银行贷款和信用卡数百万元,一旦银行发现他的银行卡里有钱,会立即划走。于翔人在菲律宾,只好让朋友何某、陈某帮忙取出现金给在厦门的妻子、母亲,维持她们的生活。

第四,转账记录无法证明系诈骗行为,不能形成诈骗行为证据链条。

M 县公安局刑警大队出具的《发破案经过》显示,通过受害人王超提供的信息,找到陈某某、屈某、宋某、霍某的汇款银行账号。

此后,刑警大队以自己的逻辑,把于翔等人与诈骗行为关联。

据于翔陈述,他不认识陈某某、屈某、宋某、霍某四人,只知道宋某的银行卡是博彩公司租来的卡,用来走公司的账。于翔因为欠银行贷款和信用卡数百万元,无法用自己的银行卡,于是借用了公司的宋某银行卡,转钱给何某、陈某,让何某、陈某帮忙取款给于翔的妻子、母亲,用来生活。显然,转账记录无法证明系诈骗行为,不能形成诈骗行为证据链条。

第五,本案证据不足,M 县公安局网安大队已出具材料表示无法核实被害人王超所述的相关违法事实。

M 县公安局网安大队出具《关于诈骗案的情况说明》表示,因涉案网站服务器所在地及犯罪嫌疑人均位于境外,目前网站后台数据无法取证,且无法核实受害人王超所述的相关违法事实。

也就是说,本案的客观证据无法调取,而言词证据,尤其是所谓的受害人王超所述的违法事实,也无法核实真实性。

第六,本案核心证据只有被害人王超的陈述,而王超的陈述前后矛盾,真实性存疑。

被害人王超在公安机关的陈述前后矛盾,真实性存疑。王超关于自己如何"被骗"的过程,语焉不详。王超的四次陈述中,关于博彩金额的表述都不一致,关于被骗金额的表述也不一致,且银行流水显示,王超的进出账相差并不大,不存在王超所说的被骗 230 万元一事。

王超声称 40 万元不能提现,与公安机关查明只有 16 万余元的损失,相差巨大,其陈述真实性存疑。

关于博彩输了多少钱,王超的陈述不断变化,30 多万元,70~80 万元,100 万元左右,230 万元,无法判断王超讲的哪句话为真,哪句话为假。

王超声称因为赢少输多,就认为自己被骗了,而完全忽视了博彩本来就是赢少输多的现实,这与诈骗无关。

荒谬的是,当公安机关询问王超,我们调看你的流水,发现你打到网站的进出账相差不大,是怎么回事?王超居然回答,平台投注都有返水,所以账面上看,相差不大。

王超承认自己之前都能正常提现,这表明某网站是一个在菲律宾的正规网站,而不是诈骗平台。

王超为了自己的利益,可能夸大自己的损失,可能隐瞒自己的真实情况,其陈述的真实性存疑。

第七,被害人王超没有产生错误认识,并非基于错误认识处分财产。

被害人王超从头到尾清楚地知道自己在做什么,清楚地知道网站的博彩方式。于翔多次劝他收手,他不愿收手,导致损失,其没有产生错误认识,并非基于错误认识处分财产。王超的行为,是在没有胁迫、威胁的情况下作出的,是基于个人独立、自主的意志作出的。

王超否认自己对刷套利,否认自己作弊,但是却不愿意重新打一次流水。当平台冻结王超的账户,王超的反应不是申诉,而是借用父亲的身份信息继续注册账号,继续参与博彩。如此种种,可以证明王超清楚地知道自己就是在博彩,而不是被诈骗。

辩护就是要打出一套“组合拳”

2020 年 12 月下旬,我再次来到 M 县人民检察院,和办案检察官当面沟通。我的习惯是,每个刑事案件都要尽量争取和公检法办案人员当面沟通,而不能仅仅通过电话沟通或者递交书面意见。办刑事案件也是在和人打交道。在面对面的交流中,能更有效地捕捉到案件的信息和走向,能更有效地进行辩护。办案检察官是个中年人,我一边给他看法律意见书,一边言简意赅地陈述几个核心观点,尤其是缺少客观证据的问题。

沟通过后,我复盘并寻找新的可能性,决定主动开展新一轮的技术性辩护。

过了一段时间,我再次联系办案检察官,提出 M 县公安局对本案没有管辖权,并提交详细的书面意见。

我还向检察院提交了《调取证据申请书》,申请调取于翔与被害人王超的微信聊天记录,申请调取被害人王超的手机,申请调取某网站后台数据信息。

对于事实、证据、程序存在问题的案件,我们的辩护可以有理有据、理直气壮。

这期间,我和办案检察官保持着每月几次的沟通,不断交流案件的证据和程序问题,聊着聊着,顺便也聊起最近开展的政法队伍教育整顿、党史学习教育。检察官能感受到我对这起案件认真负责的态度,他主动说起我的法律意见书写得很扎实、细致,对于法律意见书的一些观点他也认同,考虑退回补充侦查,看看后续证据情况再作决定。

检察院最终作出不起诉决定

2021 年春节前,检察院决定退回补充侦查。春节后,公安机关再次移送检察院。2021 年 3 月,我阅卷后,再次紧紧抓住“客观证据不足”这一关键,咬定青山不放松,撰写新的法律意见书,递交给检察官。

我提出,补充卷中再次明确,某网站的后台数据及相关的电子证据无法取得,故无客观证据证实某网站是否为诈骗平台。

我认为,刑事案件的定罪量刑,要求证据必须达到确实、充分的程度,而不能仅依靠主观上认为“该平台涉嫌诈骗的可能性较大”,就将于翔定成诈骗罪。如果这样做,长此以往,法治的基础将被摧毁。

我再次提出,司法人员办的不仅仅是案件,也是他人的人生,绝对不能以怀疑入罪。这一年多来,于翔承受着巨大的精神压力,导致他无法正常做生意,生活陷入困境,请检察院尽快对其作出不起诉决定。

4 月,和检察官沟通。5 月,继续和检察官沟通。检察官说要向领导汇报,看下一步怎么处理。

6 月,继续沟通。功夫不负有心人,检察官通知我,认为本案缺乏客观性证据证实,事实不清、证据不足,不符合起诉条件,决定对于翔不起诉。检察官严把证据关口,和律师良性沟通,最终让本案经得起法律的检验。

从 2019 年 11 月,到 2020 年,再到 2021 年 6 月,这桩案件历时一年半,我全力以赴去辩护。维护当事人的合法权益,就是在维护法律的正确实施,这是律师的职责所在,也是法治的应有之义,而不能简单地认为律师在替坏人辩护。经此一役,感触更深。

2021 年 7 月 7 日

“我想等着他出来,带他回家”

“蓝律师,我老公能不能取保候审?能不能判缓刑?真的拜托您辩护了!为了他的事情,我最近瘦了10斤。我想等着他出来,带他回家。”

记得有电影台词说,刑事律师看到的是一个坏人最好的一面,而离婚律师看到的却是一个好人最坏的一面。

这台词有些极端,不过,作为刑事律师,我接触过形形色色的人。王顺(化名)是其中之一。王顺无证卖烟,涉嫌非法经营罪。常见的行为,常见的罪名。王顺给我的印象是,老实巴交。王顺妻子给我的印象是,与王顺相濡以沫。

王顺在公安侦查阶段和检察院审查起诉阶段都是取保候审,在法院阶段突然被逮捕,羁押在看守所。王顺几乎丧失信心,感觉要判实刑了。我作为辩护人,坚定目标,递交多份法律意见书,认为构成从犯、自首,情节较轻,可以适用缓刑,庭前、庭后反复和办案法官良性沟通,当庭综合法律、事实、证据,综合天理、国法、人情而全力辩护。近日,王顺终于宣告缓刑,从看守所释放,重获自由。

无证卖烟突然被抓

2021年夏天,王顺妻子通过朋友介绍,找到我。王顺妻子说,王顺在妹妹王萍(化名)的店里打工,帮忙卖水果、卖零食,顺便卖烟。没想到店里没有烟草专卖零售许可证，王顺与妹妹王萍都涉嫌非法经营罪，被公安机关刑事拘留。我先进行了初步分析。几天后，王顺妻子再找到我，正式委托我辩护。

王顺和妹妹王萍被取保候审，后移送检察院审查起诉。公安机关认为，2019 年 10 月至 2021 年 4 月，王顺和妹妹王萍在未经烟草专卖行政主管部门许可、无烟草专卖零售许可证的情况下，在店内销售卷烟，销售金额 32 万余元。

我反复查阅卷宗，思考有没有可能不起诉。我撰写第一份法律意见书，递交给检察院，并和检察官沟通。

1. 王顺系小店普通员工，没有非法经营的犯罪故意。

王顺受雇于王萍，是王萍小店的员工，就是一个打工人员，每月工资 6000 元，所起作用小。

在王顺成为这家小店的员工之前，这家小店就开始卖烟了，王顺作为只有小学文化水平的人，想当然地认为这家小店是合法经营的，有营业执照就可以了。王顺只有小学文化水平，不能期待他认识到卖烟还需要有烟草专卖零售许可证。这不像贩卖毒品，普通人都应该知道是违法犯罪行为。如果王顺知道这是违法犯罪行为，他不可能为了每月 6000 元的工资继续参与卖烟，反而会阻止妹妹王萍从事违法犯罪的生意。也就是说，王顺没有非法经营的犯罪故意。

2. 王顺形式上入罪，但实质上无罪。

从形式上，王顺似乎构成非法经营罪，但从实质上来看，王顺就是一个员工，领取固定工资，没有利润分成，他付出了大量劳动，包括对于卖零食、卖水果等方面的劳动，才获得相当的回报，情节显著轻微，社会危害性小，可以不认为是犯罪。

辩护人认为,办理非法经营罪案件,应当贯彻宽严相济的刑事政策,重点打击出资者、经营者。对于受雇佣从事一般活动的普通员工,除了参与利润分成或者领取过分高额工资的以外,一般不应追究刑事责任,可进行行政处罚。

3. 即使王顺涉嫌犯罪,也仅起到次要作用、辅助作用,系从犯,可以考虑免除处罚。

4. 王顺明知烟草专卖局人员报警,仍在现场等待警方处理,系自动投案,并如实供述,系自首。

5. 王顺积极提供上家联系方式,协助司法机关抓捕。

6. 王顺愿意退出违法所得,认罪悔罪态度好。

此后,我多次和检察官交流,我认为王顺符合《刑事诉讼法》规定的酌定不起诉的条件。我还申请对王顺涉嫌非法经营罪一案进行公开审查,我认为王顺是否构成非法经营罪存在较大争议,可以邀请人大代表、政协委员、特约检察员参加公开审查会,真正地审查是否构成犯罪、是否可以不起诉,如此可以实现法律效果和社会效果的统一。

全力争取认定自首

和检察官沟通几轮后,检察官仍然认为王顺构成犯罪。我转变辩护策略,王顺涉案金额 32 万余元,起步就是 5 年有期徒刑,要通过争取认定为从犯和自首,减轻处罚,降到 3 年以下有期徒刑,进而希望检察院建议适用缓刑。检察官同意认定王顺为从犯,但不同意认定为自首:烟草专卖局工作人员接到举报后,到王顺所在的店面查处,并现场报警,王顺在现场被公安机关抓获,这不好认定为自动投案。

我马上进行类案搜索,发现全国部分类似案件确实不认定为自首,但仍然找到几个类似案件被认定为自首。我还搜索学术文章,借鉴思路。综合研究后,撰写《关于王顺涉嫌非法经营罪一案建议认定为自首的法律意见书》,向检察院递交。

1. 王顺明知烟草专卖局人员报案而在现场等待,抓捕时无拒捕行为,供认犯罪事实,应当视为自动投案

4 月 21 日,烟草专卖局检查店面,当天王顺在店里上班,王顺明知烟草专卖局人员报警,仍在现场等待警方处理,抓捕时无拒捕行为,系自动投案。到案后,王顺在第一次讯问时即如实供述,此后也多次稳定供述事实。

根据《最高人民法院关于处理自首和立功若干具体问题的意见》,犯罪嫌疑人具有以下情形之一的,也应当视为自动投案:“……(2)明知他人报案而在现场等待,抓捕时无拒捕行为,供认犯罪事实的……”烟草专卖局人员可以视为“他人”,符合该规定情形。

(1)本案的案发具有一定的被动性,但王顺的到案具有主动性和自愿性

第一,本案的案发具有一定的被动性。本案系因烟草专卖局接到举报,赴现场当场将王顺查获,本案的案发一定程度上违背了王顺的主观意愿,被烟草专卖局查处并不是他所愿意看到的结果。第二,本案的到案具有很大的主动性和自愿性。案发后,行政机关并未对王顺采取强制措施限制其人身自由,王顺在客观上可以逃走的情况下,仍留在现场等候民警,体现了自愿将自己交付法律制裁的主动性,应认定为自动投案。

(2)先前的行政处理程序与自动投案并不矛盾

非法经营罪案件进入司法程序之前,有一个先前的行政处理程序。案件是否需要受到刑事法律追究,须首先进行行政法律层面是否需要追究责任的考量。

《最高人民法院关于处理自首和立功具体应用法律若干问题的解释》第1条第1款第1项规定:“自动投案,是指犯罪事实或者犯罪嫌疑人未被司法机关发觉,或者虽被发觉,但犯罪嫌疑人尚未受到讯问、未被采取强制措施时,主动、直接向公安机关、人民检察院或者人民法院投案。”本案中,虽然案件已经被烟草专卖局查处,但尚未被公安机关发觉,因为案件仍在移送过程中;退一步讲,即便案件已经移送至公安机关,但公安机关尚未对王顺进行讯问、采取强制措施。王顺仍然有自动投案的可能性,仍然符合《最高人民法院关于处理自首和立功具体应用法律若干问题的解释》对自动投案的规定。因此,烟草局的先行查处程序并不影响王顺自动投案的成立。

(3)根据存疑时有利于嫌疑人的原则,宜认定为自动投案

本案中,是否自动投案存在一定的争议。在这种情况下,应作有利于犯罪嫌疑人、被告人的解释,应根据存疑时有利于犯罪嫌疑人、被告人的原则,认定王顺为自动投案。如此,才能体现刑罚的谦抑性,才能体现宽严相济的刑事政策。

2. 司法实践中有类似案例认定构成自首

南京市高淳区人民法院(2013)高刑二初字第64号刑事判决书、浙江省嵊州市人民法院(2013)绍嵊刑初字第563号刑事判决书、安徽省天长市人民法院(2019)皖1181刑初447号刑事判决书等类似案件显示,被告人非法经营卷烟被烟草专卖局发现后,

能配合烟草执法人员检查和调查取证，明知烟草机关已报警并将移送案件，仍然等候警察到来，到案后如实交代其犯罪事实，系自首，可以减轻处罚。

综上所述，王顺明知烟草专卖局人员报警，仍在现场等待警方处理，系自动投案，并如实供述，系自首，建议检察机关认定其构成自首。

最终，检察官采纳了关于自首的意见。检察官说，考虑到自首和从犯，减轻处罚，建议3年有期徒刑。我说，能否建议适用缓刑。检察官说，不直接建议适用缓刑，但不反对缓刑，最后由法院来判决。

当事人突然被逮捕

案件移送法院后，我继续和法官沟通。

出乎意料的是，王顺突然被法院决定逮捕，并由公安机关执行。

我马上和检察官沟通，检察官也很意外，认为没有必要羁押，建议我递交《羁押必要性审查申请书》给检察院，由检察官和法官沟通。

我一方面撰写《羁押必要性审查申请书》，另一方面向法院递交《取保候审申请书》。

这段时间，是王顺和妻子最难熬的日子。王顺在看守所里，妻子在外面担心、焦虑。王顺妻子说自己暴瘦10斤，希望能尽快等到王顺出来，带他回福建老家。接下来，王顺妻子在南京苦等两个月。

综合法、理、情辩护

法官没有同意取保候审，此后，我在法庭上全力辩护。

在发问环节，我问王顺：你是怎么到案的？你在店里具体做什么？每天工作多少小时？每个月工资多少钱？有没有入股？卖烟有没有利润分成？钱都给谁了？案发前，你妹妹王萍是不是还拖欠你的工资？拖欠多少钱？你为什么会帮王萍进货进香烟？你帮王萍进了多少香烟？钱都是谁出的？你平时抽烟吗？抽多少？你有没有帮忙抓捕上家？提供了什么？你家里几个孩子？在读几年级？妻子和父母身体怎么样？你最近状态怎么样？你对自己的行为怎么认识？你愿不愿意缴纳罚金？

王顺一一回答，并哽咽着说，"很后悔自己的行为，最近经常失眠，感到非常后悔，经常自己钻牛角尖，经常唉声叹气，我从来没想过打工会造成这个后果，头发都白了，精神压力太大了"。

我问王萍：王顺是不是在你那里打工？一天工作多长时间？每个月工资多少？有没有在店里面入股？在店里面有没有利润提成？店里面赚的钱是不是都转到你的银行卡上？王顺帮你购买香烟的钱，是不是你转给他的？

我还当庭提交几份相关材料：(1)王顺和王萍、苏某的交易记录，证明虽然王顺参与转账给上家苏某，但这是王顺老板王萍的钱，王顺只是代为转给上家苏某。(2)福建省某村民委员会证明，证明王顺平时表现良好，邻里关系和睦，待人真诚。(3)王顺父母的病历资料，证明其患有高血压、糖尿病等。(4)王顺捐款1000元的支付记录，证实王顺热心公益。(5)证人宋某和洪某证言，证明王顺是打工人员，每天从早上 8 点工作到晚上 11 点，工作内容为卖饮料、零食、关东煮等。(6)南京市近 5 年非法经营罪类案报告。

在辩论环节，我发表辩护意见：王顺系小店普通员工，是否具有非法经营的犯罪故意需慎重认定。王顺系小店普通员工，没有利润分成，犯罪情节较轻。王顺起到次要作用、辅助作用，系从犯。王顺明知烟草专卖局人员报警，仍在现场等待警方处理，系自动投案，并如实供述，系自首。王顺认罪悔罪态度好，有悔罪表现，愿意缴纳罚金。王顺没有再犯罪的危险。宣告缓刑对所居住社区没有重大不良影响。司法实践中对此类案件有判处缓刑先例。王顺情况特殊，其系家庭唯一的经济支柱，有两个孩子，妻子和父母体弱多病，都需要王顺照顾。

我在法庭上说，法律是专业的，同时也是从民众之中产生的。普通民众看到王顺作为小店员工，辛辛苦苦打工赚钱，在不知道违法犯罪的情况下帮忙卖烟，普通民众的第一反应是他不应该承担过重的刑事责任。这也是普通民众朴素的正义观的体现。如果我们法律人手里只有卷宗，眼里只有法条，不能设身处地地考虑王顺的遭遇，办案效果将会大打折扣。我们要注重考虑司法结论是否顺应国法、天理、人情。"天下之情无穷，刑法所载有限"。在办案中要考虑老百姓的朴素正义观，在法律范围内最大限度地接近社会预期，力保我们的共情点和同理心与民众同频共振，而不能机械办案、就案办案。近年来，追赶小偷致死案、醉驾救妻案、昆山龙哥案等一系列案件的不起诉或撤销案件，正是顺应了天理、国法、人情。王顺涉嫌非法经营罪一案，亦可作如是观。王顺有两个孩子，一个在读小学二年级，另一个在读初中三年级。

王顺的妻子和父母均无业,且患病,王顺是家庭唯一支柱,如果王顺被判实刑,整个家庭可能都垮了。请法院对王顺判处3年以下有期徒刑,并宣告缓刑。

在法庭上,我看到法官和陪审员认真听着,王顺和妻子不时抽泣着。开庭后,王顺妻子对我说,蓝律师在法庭上讲得很好,感觉到有希望了。我继续和法官沟通,法官态度温和,我也感觉缓刑有望。

很快,王顺被判处3年有期徒刑,缓刑3年6个月。王顺终于可以和妻子回福建老家了。

2022年5月14日

激　辩

“从上午九点半到下午四点半，连续七个小时开庭，为当事人利益全力辩护。疫情期间，律师、检察官、法官为了开庭，都没有吃午饭，这会儿可以直接回家吃晚饭了。”这是我最近发的一条微博。

疫情期间，开庭不易，抓住一切机会辩护，这是很多刑事律师的状态。

激辩是否构成诈骗罪

检方指控，2020 年 4 月至 12 月，李丽萍（化名）等人以食品贸易有限公司名义，分别与“讲师”“诊疗师”等人互相配合，采用虚假诊疗、虚假宣传等方式，使得老年被害人错误认识自身身体状况、未来病情走势及预防需要等，听信“PS 咀嚼片”等食品具有医用功效，最终骗取被害人高某等老年人 91 万余元。其中，李丽萍先后作为业务员、业务主管，参与诈骗数额为 39 万余元。

本案属于当事人认罪认罚案件，检察院建议量刑 3 年 11 个月。我认为，一般情况下，我们是要尊重认罪认罚具结书的，但是如果案件确实有问题，我们就要有理有据地独立辩护。法律法规、司法政策没有禁止性规定说律师不能在认罪认罚案件中做独立辩护。

在发问环节，我针对每个被告人详细发问：该公司是否有销售保健品的资质?卖的 PS 咀嚼片、雄杞鹿鞭丸、黑纳豆、怡心片以及 OMEGA3 –6 –9 是保健品还是食品?视频模式是怎么开展的?诊疗模式是怎么开展的?面诊模式是怎么开展的?你在其中起什么作用?你的工资是怎么计算的?

在辩论阶段,我强调,公司有销售保健品的资质,针对 PS 咀嚼片、雄杞鹿鞭丸、黑纳豆、怡心片以及 OMEGA3 –6 –9,要么有保健品批号,要么没有找厂家负责人核实,甚至只找了厂家勤务人员,同时也没有进行专业的鉴定,是保健品还是普通食品存疑,不能简单粗暴地认定就是普通食品,李丽萍等所有被告人也当庭供述,认为卖的就是保健品,没有诈骗故意,不构成诈骗罪。

公诉人则坚持认为构成诈骗罪,控辩双方展开数次交锋。

激辩是否单位犯罪

鉴于是当事人认罪认罚案件,我同时做无罪加罪轻辩护,以便最大化争取当事人利益。

我认为,本案属于单位犯罪,李丽萍不是直接责任人员。该公司成立于 2019 年,具有食品经营许可证,许可内容中包含保健食品销售,自成立以来,销售过包括某某牌灵芝孢子粉在内的多种合法合规的保健品以及其他食品。公司由汪某、刘某等 3 人共同出资设立。2020 年年初以来,3 人招募包括李丽萍在内的多名员工。本案中,公司老总刘某等人先后引进“PS 咀嚼片”“怡心片”“肉苁蓉糕”“黑纳豆”“雄杞鹿鞭丸”“OMEGA3 –6 –9”等产品,以各种不同的模式面向老年人进行销售。通过销售上述产品进行诈骗是单位领导集体决定的,具有单位犯罪意志的整体性。

公司老总汪某、刘某等3人制定了详细的包括日常事务管理、考核、基本工资、提成比例、奖惩机制以及会议、工作纪律等在内的管理制度,并统一培训。总监、主管组建微信群,对组员的工作情况进行监督考核,并按照组员的销售额发放相应的提成。诈骗获得的利益用于单位全体成员,具有单位犯罪利益的整体性。

辩护人认为,李丽萍等人接受公司老总汪某、刘某等3人的指挥,为了公司利益进行销售,属于单位犯罪。汪某、刘某为直接责任人员,应当对单位犯罪负责,李丽萍等人只是一般管理人员,不主要实施诈骗行为,不对单位犯罪负责。

公诉人则认为,该公司主要行为就是以虚假诊疗活动使被害人产生错误认识,从而骗取被害人钱款,不属于单位犯罪。

以退赃推动减轻处罚

我提出,在共同犯罪中,李丽萍只起到次要作用,系从犯。并对诈骗金额提出异议,应当扣掉部分金额。

李丽萍在审查起诉阶段如实供述,仍然系坦白。公安侦查阶段可以构成坦白,检察院审查起诉阶段可以构成坦白,法院审判阶段可以构成坦白,只是从轻处罚的幅度会有所不同,但各阶段都可以认定坦白。

李丽萍及其家人退赃意愿强烈,如全额退赃,视同消除严重后果,应当与“避免严重后果发生”同等评价,可以再减轻处罚。

《刑法》第67条第3款规定,犯罪嫌疑人虽不具有前两款规定的自首情节,但是如实供述自己罪行的,可以从轻处罚;因其如实供述自己罪行,避免特别严重后果发生的,可以减轻处罚。

遗憾的是,该款后半段在司法实践中适用较少,久而久之,几乎成了"僵尸条款"。希望司法机关能够关注、重视、激活该条款,就像当年"正当防卫"特殊条款,因为多个案件的发生,才促成激活。

实务界的权威观点认为,对于《刑法》第67条第3款坦白的减轻条款之适用应做如下解释:"避免特别严重后果发生"是指特别严重后果必然发生或者极有可能发生,但因犯罪嫌疑人的坦白而避免了发生。那么,如果特别严重后果已经发生,但因犯罪嫌疑人的坦白,而使特别严重后果得以消除的,也应该予以同等评价,只有如此,才能鼓励犯罪嫌疑人积极作为,挽回损失,消除后果,恢复和谐的社会关系。为此,对于犯罪嫌疑人如实供述自己罪行,从而挽回特别巨大经济损失的,也宜认定为"避免特别严重后果发生"。[①]

亦有权威观点认为,被告人归案后,如实供述自己的罪行,主动归还全部赃款,挽回特别重大经济损失,取得了被害人的谅解,特别严重后果得以消除,此情形应与避免特别严重后果发生的情形等同对待,可减轻处罚。

如广东温某某盗窃案,在温某某全额退赃的情况下,二审法院从有期徒刑10年改判为有期徒刑6年。我国虽然并非判例法国家,但司法实践中对此类案件从宽处理的思路仍可借鉴,亦可看出刑法的谦抑性原则,体现宽严相济的刑事司法政策,以及惩治和教育并举的理念。

---

① 张军主编:《〈刑法修正案(八)〉条文及配套司法解释理解与适用》,人民法院出版社2011年版,第89页。

辩护人认为，尤其在侵财类案件中，主要就是侵犯财产权益，追回并退还全部赃款，恢复被害人的财产权是最为重要、最有价值的。对于犯罪嫌疑人如实供述自己罪行，挽回特别巨大经济损失的，宜认定为“避免特别严重后果发生”，可以考虑减轻处罚。本案中，李丽萍家庭较为困难，仍然愿意积极退赃，其家属也愿意多方筹钱，争取全额退赃，挽回损失，消除严重后果，对此可以再减轻处罚。

开庭结束后，我趁热打铁，继续和法官沟通，能否在全额退赃基础上减轻处罚，判决 2 年左右并宣告缓刑，这样被害人的损失也能得到最大化的挽回。此前的多次沟通中，法官坚决认为即使全额退赃，只能判决 3 年量刑起点，说已经请示过，不能再低了。但经过 7 个小时的开庭后，法官态度转变，说如果全额退赃，可以考虑减轻处罚，会再请示。

最终，在庭后退赃 30 万余元的基础上，法院虽然认定构成诈骗罪，但量刑从 3 年 11 个月降到 2 年 6 个月。

我去看守所会见李丽萍，李丽萍说，感谢蓝律师，您是真正为我们着想的，真正为我们辩护的。没想到减了这么多，我对结果满意，不上诉。

一个刑事案件的辩护，要穷尽各种合法的可能性，为当事人争取利益最大化。本案中，既从无罪辩护着手，从事实和证据、法律适用角度质疑，同时也从全额退赃这个角度着手，努力说服司法人员，让他们尽可能地接受新观念，退赃不仅有可能从轻处罚，也有可能减轻处罚。减轻处罚有法律依据，有现实必要性，也有前瞻性。通过良性的沟通，最终让法院对李丽萍减轻处罚。

2022 年 5 月 21 日

判缓刑后，他说回去就结婚、办酒席

刑事辩护有时候是让人感到疲劳和焦虑的，但是，当收到一份有好结果的判决书时，连日来的疲劳和焦虑也就一扫而空。

近期，收到当事人李岩(化名)宣告缓刑的判决书，阳光正好，心情大好，当事人说回去后就结婚、办酒席。这一刻，感觉自己不负所托，感受到刑事辩护的意义所在。

逮捕后争取取保候审

李岩是个“90后”，在一家玩具厂上班。有一天，朋友魏某找到李岩，说带他赚点外快，只要帮忙转一下钱就好了。李岩打算和未婚妻张洁(化名)登记结婚、办酒席，正想着怎么多赚点钱，于是和魏某一拍即合。

魏某让李岩办了几张银行卡，到宾馆后，魏某让李岩先测卡，测过以后，魏某就把李岩的银行卡发到微信群里，魏某的上家就安排打钱到李岩银行卡。李岩收到钱以后，把钱提现到微信或支付宝里。随后，魏某给李岩二维码，李岩用微信或支付宝扫二维码，再把钱转出去。就这样，李岩转移了上百万元。

李岩曾问过魏某，这是什么钱?

魏某说，这是赌博网站的钱，没问题。

实际上，这是上游诈骗犯罪所得的钱。

李岩和魏某等十几人被警方抓获，涉嫌掩饰、隐瞒犯罪所得罪。

我会见过李岩后，向公安局递交取保候审申请书。这家公安局在景区半山腰，林木茂盛，鸟语啾啾，不远处有大片农田，山顶有座寺庙。微风过处，心神旷达。可惜赶时间，来不及细看。

这期间，李岩未婚妻和父母多次和我联系，述说内心的焦急，希望能够取保候审、判缓刑，以便早日回家结婚办酒席。李岩在17岁的时候，和小伙伴玩耍时与路人发生争吵，气急之下临时起意抢劫了路人的手表和手机等物，被判刑2年。这是本案的不利因素，这次取保候审、争取缓刑的难度较大。不过，李岩毕竟是年轻人，虽然犯过错，但不是大奸大恶之人，我心里也希望案件有个好结果。

公安机关没有同意取保候审。随后，李岩被检察机关批准逮捕。我向检察机关申请羁押必要性审查，认为在少捕、慎诉、慎押刑事司法政策大环境下，没有羁押的必要。检察机关最终建议公安机关变更强制措施。很快地，李岩被取保候审。

争取犯罪金额大幅下降

在审查起诉阶段，我和检察官沟通，认为刑事案件还是要严把证据关口，虽然李岩银行卡转账资金上百万元，但从证据角度来看，只有三起转账是比较确实、充分的，金额为23万余元。检察官是个温和的中年人，认真听取后，采纳了我的意见。

按照相关司法解释规定，掩饰、隐瞒犯罪所得10万元以上，量刑起步就是3年。我要争取认定李岩为从犯，从而减轻处罚，争取缓刑。

我提出,李岩在收款转账时都是听从魏某的安排,不认识上家,不在上家的聊天群中,在共同犯罪中仅起到次要或辅助作用,系从犯,应当减轻处罚。结合李岩系坦白、违法所得较小,希望刑期为1年左右,并希望检察官直接建议适用缓刑。

检察官同意认定为从犯、坦白。关于刑期,检察官打算建议1年6个月,经过反复的量刑协商,变更为1年3个月。

我问能否直接建议适用缓刑。检察官说不直接建议缓刑,但也不反对,由法院来决定是否缓刑。

一波三折的社区矫正调查

此后,我再进一步沟通,能否发一个社区矫正调查函,增加缓刑的可能性。检察官同意了,说根据社区矫正调查函的情况再决定是否适用缓刑。

这是重大的一步。

不料,李岩老家所在的司法局不同意接收检察院发的社区矫正调查函,不愿意调查评估。理由是,根据《社区矫正法》的规定,社区矫正决定机关根据需要,可以委托社区矫正机构或者有关社会组织对被告人或者罪犯的社会危险性和对所居住社区的影响进行调查评估,提出意见,供决定社区矫正时参考。居民委员会、村民委员会等组织应当提供必要的协助。当地司法局认为,只有法院才能决定是否社区矫正,只有法院发社区矫正调查函后,司法局才调查评估。

我和检察官讨论怎么办,检察官也觉得无奈。检察机关发的社区矫正调查函,有的地方愿意接收,有的地方不愿意接收,这主要是立法的问题，是对法律认识不同造成的问题，很难说谁对谁错。

等待期间，李岩和家人紧张焦虑到极点，有的同案犯所在的司法局已经回函，而李岩的却停滞不前，李岩和家人一度认为缓刑无望。

案件移送法院后，我马上和法官联系，希望法院能发社区矫正调查函。经过多次沟通，法官发社区矫正调查函给当地司法局。司法局最终回函。

至此，势态有所缓解，看见了一丝曙光。

庭审后的不确定性

因疫情原因，开庭姗姗来迟。

法庭上，我提出，李岩听从魏某等人的安排，在共同犯罪中系从犯。李岩违法所得较少，系坦白，主观恶性较小，愿意退出违法所得，愿意预缴罚金，没有再犯罪的危险，宣告缓刑对所居住社区没有重大不良影响。

我还提到，李岩的未婚妻张洁，案发后一直联系辩护人，说等着判决后结婚、摆酒席。天下之情无穷，刑法所载有限。针对犯罪情节较轻、认罪悔罪态度好、没有再犯罪危险的被告人，请法院尽量考虑适用缓刑。

公诉人提到李岩有过犯罪被判刑的经历。根据《刑法》的规定，对于累犯，不适用缓刑。我马上予以回应。李岩虽然有过犯罪被判刑的经历，但不满 18 周岁的人犯罪的，不属于累犯，李岩首次犯罪是在 17 岁，因此李岩不属于累犯。根据《最高人民法院关于常见犯罪的量刑指导意见》,对于累犯或有前科的,增加基准刑。但是,该条款排除了未成年人犯罪的情形。本案属于不增加基准刑的情况。何况,李岩当年犯罪被判刑的情况特殊,李岩在 17 岁的时候,和朋友玩耍,因为与路人发生争吵,李岩和朋友气急之下临时起意抢劫了路人的手表、手机等物,李岩被判刑 2 年,同案犯也被判刑。不过,李岩并没有分到赃款赃物,赃款赃物都被同案犯拿走了。此外,根据《刑事诉讼法》的规定,犯罪的时候不满 18 周岁,被判处 5 年有期徒刑以下刑罚的,应当对相关犯罪记录予以封存。因此,鉴于李岩首次犯罪是在 17 岁,情节较轻,这次犯罪的情节也较轻,李岩仍然符合适用缓刑的条件。

我讲的这些,是《刑法》《刑事诉讼法》等的明文规定,实际上检察官、法官都知道。此时此刻,我不仅是讲给检察官、法官听,也是讲给两位陪审员听的,把法律法规和案件特殊情况说清楚、讲透彻,尽量避免因为李岩有过犯罪经历,让陪审员产生不良印象,这样有利于争取缓刑。

在法庭上,我观察到另外一个同案犯当庭供述反复多变,最后还是认罪认罚。办案检察官是个比较宽厚的人,仍然认定他构成自首和认罪认罚。换一个检察官,或许结果就不一样了。我心里感慨,面对并非罪大恶极的被告人,多多考虑国法、天理、人情的统一,其实更是实质上的公平正义。

开庭结束后,李岩给我发微信说,“蓝律师,我先回家了。后续的事还得麻烦你。真的感谢,我今天也看到你的努力了。所有律师里边,你说话和他们不一样。真的感谢,后续还得麻烦你”。

等待判决的日子里,我继续和法官沟通。法官的态度有些含糊,只是说合议庭要再讨论。其间,公安机关曾通知李岩,做了核酸检测后单独来一趟。李岩担心自己要被收押了,担心要被判实刑了。李岩的未婚妻和父母又开始频繁联系我。刑事案件结果的不确定性,确实让人焦虑。我打起十二分精神,继续和法官沟通。不久,公安机关又通知李岩不用单独来了。我心里暗暗松了口气。

终于,判决来了,李岩犯掩饰、隐瞒犯罪所得罪,判处有期徒刑 1 年 3 个月,缓刑 1 年 6 个月。

我看到李岩紧张的表情一下子放松了。他说回去后就结婚、办酒席。我发自内心地为他感到高兴。

回律所的路上,我收到李岩的微信:“感谢蓝律师! 千言万语都难以表达我的激动与喜悦。之前,我都在烦躁、痛苦和焦虑的等待中。您就像救命稻草一样,我把所有希望都寄托在您身上,您的精神压力可想而知。真的太感谢您了! 蓝律师,您辛苦了!”

李岩的未婚妻张洁也发来微信:“太感谢蓝律师了! 我替我未婚夫以及全家人对你说声,感谢您,辛苦了!”

回到律所后,我平复了一下高兴和激动的心情,投入下一个案件的辩护。

2022 年 5 月 28 日

(补注:后来,过了一段时间,我看到李岩无偿献血,主动做公益,这点让我非常高兴。挽救一个人,挽救一个家庭。这个人,这个家庭,会继续做一些有意义的事情。这也是我们为生命和自由辩护的价值所在。)

以借为名，骗财骗色

李晓娟（化名）被网友诈骗了。

有个叫朱达（化名）的网友，主动加了李晓娟的 QQ 号。在 QQ 上，朱达经常对李晓娟嘘寒问暖。得知李晓娟从事医疗行业生意，朱达便谎称自己从事药材买卖，谎称自己名下有多家公司，伪造个人存款记录，并伪造与多家公司有业务来往的合同、对话记录，让李晓娟误认为此人老实可靠、有经济实力。随后，朱达谎称与他人有生意往来拖欠别人款项、母亲生病住院、被别人追债等，以借款为名，骗取李晓娟 40 万余元。

李晓娟去当地报案，民警说这是民间借贷纠纷，建议她去法院起诉。

李晓娟既无奈又焦虑，通过朋友介绍，找到我。我听了李晓娟的陈述，再梳理了证据材料，初步判断这是以借为名的诈骗案。

我们要做的是，通过刑事控告，尽可能挽回损失。

搜集证据材料推动立案

接受委托后，我搜集、整理证据材料。一方面把所有的 QQ、微信、电话、转账记录调取出来，另一方面努力搜集朱达虚构生意来往和经济实力，以取得信任进而骗取财物的证据。

一查，就发现朱达的骗局漏洞百出。

1. 朱达伪造《中药文山三七明销协议》给李晓娟，谎称存在三七药材交易，然后以借款为名骗取李晓娟财物。在该协议中，朱达以南京某某药材经营部的名义对外签署合同，查询国家企业信用信息公示系统和天眼查，均不存在该经营部。所谓的乙方云南某三七经营部，也不存在。

2. 朱达谎称和QQ网友李某、王某进行三七药材交易，然后以借款为名骗取李晓娟财物。经过与这两人在QQ核实，该两人均表示从未和朱达进行三七药材交易。

3. 朱达伪造《外购原料协议书》，谎称为南京某某味精厂采购花椒，被拖欠货款，然后以借款为名骗取李晓娟财物。经查询国家企业信用信息公示系统和天眼查，南京某某味精厂已经注销，不可能和朱达的江苏某某网络科技有限公司签订合同。且该份所谓的协议中，居然把江苏某某网络科技有限公司误写成江苏某网络科技有限公司，漏写了一个字。

4. 朱达伪造《承包协议》，谎称承包农庄用地，展示自身经济实力，然后以借款为名骗取李晓娟财物。所谓的合同甲方为南京某某农业发展有限公司，甲方代表郑某某签字。而据查询了解到，南京某某农业发展有限公司并无任何股东或员工姓名为郑某某，显然该份协议系伪造。

5. 朱达伪造南京银行余额对账单，展示自己有银行余额近百万元，显示自己的经济实力，从而取得李晓娟信任，进而以借为名实施诈骗。经比对，该银行对账单系PS伪造。

6. 朱达谎称自己有另一家公司江苏某某农业有限公司，显示自己的经济实力，从而取得李晓娟信任，进而以借为名实施诈骗。经查询国家企业信用信息公示系统和天眼查，不存在这家公司，只有江苏某某农业科技有限公司，但股东和员工均不包括朱达。

越搜集证据材料，就越坚定这是个刑事诈骗案。我从证据和犯罪构成等角度撰写《刑事控告书》后，带李晓娟去报案。

如何确定管辖地是个问题。根据《公安机关办理刑事案件程序规定》，刑事案件由犯罪地的公安机关管辖。如果由犯罪嫌疑人居住地管辖更为适宜的，可以由犯罪嫌疑人居住地的公安机关管理。本案中，犯罪地和犯罪嫌疑人居住地均在南京某区。银行转账信息显示，其中 20 万元转到某银行南京某分理处，银行地址为南京某区某号。我们向银行所在地的派出所报案，遗憾的是，该派出所民警认为管辖地不在这儿。

经过一天的打听，终于得知朱达所在农场的位置，就去农场所在地派出所报案。最终公安机关受理，在 30 天内刑事立案。

诉讼代理人有权阅卷

案件移送检察院审查起诉后，我作为被害人李晓娟的诉讼代理人，去检察院阅卷，工作人员可能没碰到过类似情形，犹豫是否让我阅卷。好在，我提前有所准备，马上和他们讲法规、讲道理。

根据《刑事诉讼法》的规定，公诉案件的被害人及其法定代理人或者近亲属，附带民事诉讼的当事人及其法定代理人，自案件移送审查起诉之日起，有权委托诉讼代理人。

根据《律师法》的规定，受委托的律师自案件审查起诉之日起，有权查阅、摘抄和复制与案件有关的诉讼文书及案卷材料。律师担任诉讼代理人或者辩护人的，其辩论或者辩护的权利依法受到保障。

根据《人民检察院刑事诉讼规则》的规定，被害人的诉讼代理人在经人民检察院许可的情况下，可以查阅、摘录、复制本案的案卷材料。

我和工作人员说，所谓要经过检察院许可，应该是检察院以许可阅卷为原则，不许可为例外，除非案件有特殊、敏感的情形，否则都要允许诉讼代理人阅卷，而本案显然不属于特殊、敏感的情形。如果不让被害人的律师阅卷，那律师怎么履行诉讼代理人的职责？

工作人员说要向领导汇报，我最终得以阅卷。该据理力争的时候就要据理力争，理直才能气壮，气壮之后理更直，才能更好地维护当事人的利益。

和办案检察官据理力争

公安机关《起诉意见书》认为，朱达骗取李晓娟25万元。这与我们刑事控告的40万余元出入较大。办案检察官认可25万元诈骗金额，认为其他金额属于民间借贷纠纷。我仔细研究卷宗材料后，递交法律意见书，论证诈骗金额应为40万余元。

第一，应当总体上评价朱达涉嫌诈骗40万余元，不宜分割为刑事诈骗部分和民间借贷部分。

1. 朱达在讯问笔录中承认虚构事实，诈骗40万余元

朱达在第一次笔录中称，“大概有40多万元”“我没有三七、藏红花的生意，我当时编造了一个做三七生意的由头”“我没有和味精厂做生意，也是编造理由”“当时和李晓娟借钱的时候，我母亲好好的没有发病，钱我自己用掉了”“我没有还李晓娟这些

钱,她的这些钱我也还不上”。

朱达在第六次讯问笔录中交代,编造银行账户存款记录,“就是为了向李晓娟炫耀自己有偿还能力”。

朱达在第七次讯问笔录中交代,“李晓娟的钱大概有40多万元”“我除了和别人借钱外,我一时也还不上李晓娟这些钱”。

2. 即便朱达有部分款项投入农庄,其仍然具有非法占有的故意

诉讼代理人注意到,2019年1月,朱达在还没有请工人的情况下,伪造要给工人发工资的事实,向李晓娟实施诈骗,部分款项用于个人挥霍,部分给予儿子。朱达实施诈骗的行为在2019年1月已经完成,已构成犯罪既遂。在李晓娟多次催要欠款的情况下,朱达在2019年五六月才和李晓娟说钱已经投入农庄,这是为了掩饰犯罪的后续行为,不影响犯罪既遂的认定。

3. 朱达总体具有诈骗的故意,明知自己没有偿还能力,其声称用于农庄,正是为了更有效地实施诈骗行为

朱达诈骗行为的迷惑性、隐蔽性在于,他将部分款项用于农庄等用途。但是,这不影响诈骗罪的认定,不能把这部分款项列为民间借贷纠纷。原因在于,农庄投入巨大,长期无法实现盈利,且朱达对外负债累累,也就是说朱达根本没有偿还能力。在明知自己没有偿还能力的前提下,仍然大肆借款,构成诈骗罪。其声称用于农庄,正是为了更有效地实施诈骗行为,不宜认为朱达前面有诈骗故意,后面没有诈骗故意,或者认为前面没有诈骗故意,后面才有诈骗故意。

第二,朱达在讯问笔录中多次承诺退赃,但至今分文未退,其主观恶性大,有再犯罪的危险,应当立即予以逮捕。

朱达在案发前曾反复说明天或后天还款，到期后消失不见，然后编造各种理由百般拖延。

朱达在讯问笔录中，也多次承诺退赃，貌似有悔罪表现，但从取保候审至今，仍然只是口头上一次次说要退钱，结果还是分文未退。40 万余元赃款，哪怕先退几万元也可以，但他就是一分钱不退。朱达没有任何悔罪表现，显示其主观恶性大，有再犯罪的危险，应当立即予以逮捕。

第三，希望司法机关查清赃款去向，加大追赃力度，挽回被害人损失。

被害人李晓娟并非大富大贵之人，这 40 多万元是她和丈夫辛辛苦苦赚来的。朱达骗取这 40 多万元之后，被害人家庭已经入不敷出。希望司法机关查清赃款去向，加大追赃力度，挽回被害人损失。

作为被害人的诉讼代理人，我和检察官据理力争，反复沟通。最终，检察官采纳了我的大部分意见，除了刚开始的几笔没有认定为诈骗，其余均认定为诈骗，金额变为 37 万余元。

在法院继续争取挽回损失

开庭当天，我和李晓娟都坐在公诉人席位边上。朱达面对我的连环发问，节节败退，承认所有的犯罪事实。

在法院审理阶段，我继续和法官沟通，表达两大核心诉求：逮捕朱达、尽快退赃。

法院决定逮捕朱达，看守所以朱达身体原因不予羁押，法院变更为取保候审。

至于退赃事宜,经过多方工作,朱达退赃10万余元。

不久后,法院判决,被告人朱达犯诈骗罪,判处有期徒刑4年5个月,罚金人民币10万元。责令被告人朱达于判决生效后10日内退赔李晓娟人民币27万余元。

朱达不服判决,上诉到市中级人民法院。市中级人民法院驳回上诉,维持原判。

接下来,朱达面对的是监狱。

而李晓娟,也慢慢从这件事的阴影中走出来。

2022年6月22日

古玩局中局

被告人刘春(化名)和被害人施武(化名)是二十多年的朋友。施武父亲生病了,刘春在医院帮忙照顾。刘春和妻子吵架了,施武帮忙劝导。

然而,一起古玩局中局,让两人反目。施武认为自己被骗,多次到派出所报案,此后刘春涉嫌诈骗罪被刑事拘留,被 M 市中级人民法院判处有期徒刑 14 年。

2018 年 8 月,刘春妻子委托我和韩律师,代理二审辩护。研究证据材料后,我们认为这属于可变更、可撤销的买卖合同纠纷,不构成犯罪,于是坚决做无罪辩护。没想到,前后努力了 3 年。

争议重重做无罪辩护

刘春是 M 市某部门主任科员,现关押在看守所。我们去会见,他滔滔不绝说了 3 个小时,仍然意犹未尽,第二天又说了 3 个小时。此后的每次会见,他都可以说 2 个小时以上,这给我们留下了深刻印象。

原来,刘春以他人名义,出售大量古玩字画给施武,刘春认为这些都是真品,况且自己做的是非保真销售,施武则认为这些是仿品,自己被骗了。

一审判决认定,被告人刘春于 2014 年年底与秦道仁(化名)商议,由秦道仁向施武虚构其持有收藏家尹葆(化名)遗赠大量藏品待出售的事实,隐瞒交易物品为刘春所有且系仿品的真相,欺骗施武购买,骗取施武财物。至2015年3月,刘春使用上述手段骗取施武共计人民币2332万余元。一审判决以诈骗罪判处被告人刘春有期徒刑14年,并处罚金200万元,责令刘春退赔被害人施武经济损失人民币2332万余元。

到底是不是诈骗?我们去法院阅卷,随后的一个月里,反复看证据材料,并进行摘录、梳理,形成法律意见书。这是我们全身心投入的案件。

第一,一审定性错误,现有证据不能证明刘春构成诈骗罪。

1.刘春并未采用虚构事实或隐瞒真相的方法骗取财物。

本案中,上诉人刘春虽出于尽快促成交易的目的,虚构了部分事实或隐瞒了部分真相,但并非虚构关键核心事实,并非隐瞒关键核心真相,其仍在正常市场交易的范围内,被害人出于自愿自由的想法购买了刘春的古玩字画、黄花梨家具等物品。

(1)刘春虚构了秦道仁(化名)为收藏家尹葆的管家、秦道仁出售的物品都是尹葆的藏品这一事实,但这并非核心关键事实,其出发点仅是为了方便出售文玩,这在古玩行业是正常现象。

把自己的藏品通过他人出手,称为"设局",是古玩行业正常现象。某拍卖有限公司董事长证言显示,"问:自己的物品不直接出卖,而是通过他人出手,这是什么行为,是否普遍?答:这在行业内也是一种正常情况,俗称'设局',目的是自己的东西能够卖出去,卖个好价钱"。

(2)刘春并非知假卖假,无证据证明刘春明知是仿品而冒充真品出售,其一直稳定供述认为所卖古玩字画、黄花梨家具是真品,并有相关专家的鉴定结论予以支撑。

具体到元青花瓷器，刘春始终稳定供述认为是真品，是从童元森（化名）处购买的，而童元森是其深为信任的收藏家。至于为何购买价格远低于真品元青花瓷器的市场价格，元青花瓷器属于非标物品，价格是不太确定的，同类东西在不同的情况下不同价是很正常的。

古玩属于非标产品，没有固定的价格，随行就市，只要买卖双方愿意，任意价格均可以成交，并非必须按照市场价交易。价格不能作为判断物品真假的依据，并非低价就买不到真品。例如，一买家以 2 万元买了一幅刘某某书画，结果在拍卖公司拍出 280 万元成交价，低价买进卖出并不意味着知假卖假。

收藏家童元森反复解释该元青花瓷器属于真品，出于对收藏家童元森的信任，刘春认为自己“捡漏”了，主观上一直认为该元青花瓷器是真品，此后将该元青花瓷器出售给施武，并非知假卖假。

具体到黄花梨家具。刘春从童元森或冯实处购买黄花梨家具进而转售给施武。童元森是刘春深为信任的收藏家，是某省收藏家协会古典家具委员会主任，其多次解疑释惑，且有某林业大学古典家具与红木工艺研究所出具的报告证明家具系香枝木（黄花梨）所制。刘春作为一个普通的文物收藏爱好者，具有充足的理由相信其所购买的红木家具系黄花梨家具，不宜过于苛求刘春再做进一步的论证。

（3）某林业大学古典家具与红木工艺研究所鉴定黄花梨家具的过程未受外界干扰，专家鉴定古玩字画的过程亦未受外界干扰，皆为独立鉴定。刘春未指使专家出具虚假鉴定意见。

此外，施武本人也请了专家朋友帮忙鉴定，刘春并未额外出钱给他们,所有费用均由施武支付。因此,专家的鉴定亦是独立的。

2. 刘春没有非法占有的目的。

刘春将自认为是真品的古玩字画、黄花梨家具出售给施武,是利用低买高卖的手段追求高利润,是出于牟利的目的,并无非法占有目的。

(1)刘春、秦道仁与施武的交易始终处于可协商、可变通的状态,并有相关的协议书予以确认,刘春主观上是希望促成自愿的交易,而不具有非法占有目的。

(2)最后一份协议是双方平等充分协商的结果,并且有利于施武。

第二,刘春、秦道仁与施武之间系显失公平的可变更、可撤销的买卖合同纠纷,与刑事犯罪无关。

古玩字画行业不同于普通商品交易,系高风险与高利润并存的行业,存在“真假自负”“买假不退”的交易惯例,对物品真假优劣由买家自己判断,自己负责,双方自愿买卖,当场验货,钱货两清,不允许古玩字画成交后随意反悔。

本案中,刘春、施武均为省收藏家协会会员,刘春担任协会常务副秘书长,施武从2010年11月起担任协会常务理事,施武于2011年7月通过人力资源和社会保障部就业指导中心举办的古玩器物经营管理培训项目,两人均具备相应知识和技能。施武应对自己的行为负责,不得随意反悔。成交之前,刘春让施武将相关的古玩字画带回家自己鉴定,施武有充足的时间判断是否真品,决定是否购买。确认购买之后,再付钱。双方不涉及刑事犯罪,而是涉及买卖合同纠纷。

当然，从文物鉴定机构的鉴定报告来看，客观上合同标的物成交价格与实际价值相差悬殊，如果仿品较多，对买受方形成重大不利，应构成显失公平，属可变更、可撤销的合同。因此，施武可以去法院起诉要求变更或撤销合同。

查阅中国裁判文书网可知，苏州市吴中区人民法院（2014）吴民初字第1713号民事判决书即以民事思维处理卖家徐某某与买家朱某某古玩字画买卖合同纠纷案，认为属可变更、可撤销的合同。在交易之时，卖家说字画是真品，而实际上出售的大部分字画为赝品，经鉴定实际价值仅为7950元，远低于交易价格45万元。买家刑事控告卖家存在诈骗行为，但公安机关认为买家控告的诈骗案经审查没有犯罪事实，决定不予立案。这种处理方式，对本案亦有借鉴之处。

第三，鉴定的物品仅占实际交易量的1/3，剩余物品及施武报案被盗物品未做鉴定，不排除该部分物品价值超过双方交易金额的可能。也就是说，不排除施武最后反而赚了的可能性。

被害人想“捡漏”却成“打眼”

紧接着，我们又起草了第二份法律意见书。

第一，施武并未产生错误认识，并非基于错误认识处分财产。

1. 施武有多年收藏经历，并积极参加收藏家协会活动，了解古玩行业规则。

施武是个有多年收藏经历的收藏家，持有劳动部颁发的《古玩从业资格鉴定证书》，具有相当的专业知识和鉴赏力，对古玩行业的门道、规则相当熟悉。

2. 施武在询问笔录中常用专业名词大篇幅描述古玩字画,可见其对古玩字画是比较熟悉的,这与其对办案机关自称“一窍不通”显然自相矛盾。

施武的每次询问笔录都极其详细,其对每件古玩字画、家具的描述都极其专业而翔实。如果施武真的如他所说“一窍不通”,那么他为何能脱口而出这些古玩字画的专业名词?普通人、外行人根本不可能知道这些专业名词,也根本不可能记住刘春、秦道仁、童元森、吴政(化名)等人的专业说法,甚至连背诵下来都相当困难,而施武却能一一回忆,一一道来。显然,施武对办案机关有所隐瞒、有所夸大,其隐瞒了自己对古玩的专业知识,其夸大了刘春、秦道仁、童元森、吴政等人的说法。

3. 施武本来想“捡漏”,最后成“打眼”,这是古玩行业常见现象。

“捡漏”“打眼”在古玩行业都是常见的。施武从事古玩收藏多年,对此完全知悉。所谓“捡漏”,就是以很便宜的价钱买到很值钱的古玩,而且卖家往往是不知情的。所谓“打眼”,通俗讲就是看错了,把假东西当成真的买了。“捡漏”和“打眼”,都应当接受。

施武曾去了解收藏品市场行情,很清楚自己购买的价格只是市场价格的 1/10,但他认为这是私下交易,价格当然比拍卖会低,自己是“捡漏”,不料最后成了“打眼”,施武不能接受,遂报警。这有违古玩行业的规则。

4. 施武已认识到交易的物品有真有假,仍继续交易,主观上并未产生错误认识,属于知假买假,抱着赌博心理。

施武第一次调换田黄石的时候,已经认识到交易的物品有真有假,此后仍积极多次交易,说明其主观上并未产生错误认识。相反,其抱着赌博心理,认为只要有部分交易的物品为真,就可以接受,甚至有可能赚到不少,其属于知假买假。哪怕只有一件是真品,是价值连城的真品,那么所有的付出都值得。

5. 施武是有丰富社会经验的理性人,应对自己的行为负责。

古玩收藏要靠自己分辨真假,这是基本常识。当时,这些物品是作为尹葆的藏品进行出售的,对施武来说,所谓卖家秦道仁对物品的真假没有发言权和决定权,秦道仁没有义务也没有责任对物品真假进行解释。既然是尹葆的物品,秦道仁对物品的真假说了也不算。至于施武的说法,更只是一个参考。也就是说,物品真假完全要靠施武自己判断。

施武是社会经验丰富的商人,不会仅仅因为是尹葆的藏品,就轻易相信并交易几千万元的古玩字画、家具,毕竟这不是买白菜,这是巨额资金支出,其显然是经过深思熟虑的,抱着"捡漏"心态参与,愿赌服输,应对自己的行为负责。

第二,千百年沿袭下来的古玩行业具有特殊性,司法应充分尊重其特殊性。若机械套用刑法罪名,将对古玩行业带来负面影响。

根据古玩行业的老规矩,古玩这东西不讲究"三包"(包退、包换、包赔),一手交钱一手交货,东西是真是假,全凭买方"眼力"判断。

古玩行业的"真假自负""买假不退"等规矩,实际上是有其道理和渊源的,因为古玩行业"水"太深,真与假、年代和品位等极其复杂,无法"保真"。即使卖家"保真",也是一种"营销方式",买家对此应有基本的认识。

古玩行业的特殊性,司法应予以充分尊重。若机械套用刑法罪名,将对古玩行业带来不可估量的重大负面影响,古玩行业将大范围萧条,一大批人可能被追究刑事责任。

的确,古玩行业鱼龙混杂,需要进行适当的整顿。但是,正因为古玩行业尚处于混沌状态,我们更不能轻易动用刑事手段打击,避免古玩行业一严打就垮掉,适用民事思维未尝不能解决问题。本案实质上就是买卖合同纠纷,客观上合同标的物成交价格与实际价值相差较大,对买受方形成重大不利,应构成显失公平,属于可变更、可撤销的合同。因此,所谓的被害人施武可以去法院起诉要求变更或撤销合同。

刑法的谦抑性原则,也要求司法机关面对这个具有争议性的案件时,更应当慎重处理。显然,本案并非一定要走刑事途径,完全可以通过民事诉讼予以解决。

特殊行业、特殊地区,有时候不能机械套用法学理论,应充分考察其特殊性,在充分了解特殊性的基础上再适用一般性。这就是为什么少数民族地区与汉族聚居区相比,有些法律法规的适用其实是有着微妙的区别的。古玩行业,也应作如是观。

撤销原判发回重审

除了围绕事实、证据、法律适用进行辩护,我们发现,鉴定报告的真实性、合法性均存疑,我们认为其不能作为定案根据。

我们还发现,刘春家庭被查封 4 套房产,均属夫妻婚后共同所有的合法财产,应解除查封。即使责令退赔,也要考虑刘春配偶合法享有一半份额,与刘春涉嫌诈骗案无关,应予以解封。

省高级人民法院的法官对我们的意见比较重视，一一做了记录。

2019 年 3 月，省高级人民法院裁定撤销原判，发回重审。

激辩鉴定报告

2019 年 10 月，在 M 市中级人民法院开庭过程中，我们和检察官展开激辩。

检察官补充了新的证据材料，某工美红木文化艺术研究所的木材鉴定报告。

我们认为，这三份鉴定意见书，合法性和真实性存疑，均不能作为定案根据。

首先，关于某博物院出具的鉴定意见书。辩护人对某博物院鉴定意见书的合法性、真实性有异议，其没有证据能力，不能作为定案根据。理由如下：

（1）这份鉴定意见书没有鉴定人的签名。根据《刑事诉讼法》的规定，鉴定人进行鉴定后，应当写出鉴定意见，并且签名。

根据《最高人民法院关于适用〈中华人民共和国刑事诉讼法〉的解释》第 98 条第 7 项的规定，鉴定文书缺少签名、盖章的，不得作为定案的根据。也就是说鉴定意见既要有盖章，还要有签名，才能作为定案根据，两者缺一不可。

（2）鉴定意见书没有显示鉴定人是谁。对于鉴定人是否具备法定资质，是否有相关专业技术或者职称，我们无从得知。对于鉴定人是否需要回避，是否和本案有利害冲突关系，我们也无从得知。

(3)鉴定机构某博物院是否有合法的资质证书存疑。鉴定书后面没有附上鉴定机构的资质证书,无法确认资质证书是否齐备,无法确认资质证书是否由省级以上司法行政部门颁发,无法确认资质证书是否在有效期内,是否经过年检,无法确认鉴定事项是否在鉴定机构及鉴定人员的准许鉴定范围内。

(4)鉴定的程序、过程和方法没有具体体现,无法确认是否符合法律法规的要求。

(5)鉴定对象与送检材料是否一致,存疑。

(6)鉴定聘请书中表述:特聘请你对相关涉案文物进行鉴定。进行哪方面的鉴定,表述不清,是鉴定真假,还是鉴定价格,不清楚。

其次,关于某林业大学出具的木材鉴定报告。辩护人对某林业大学木材鉴定报告的合法性、真实性有异议,其没有证据能力,不能作为定案根据。(略)

最后,关于某工美红木文化艺术研究所于2019年5月新出具的木材鉴定报告。辩护人对某工美红木文化艺术研究所木材鉴定报告的合法性、真实性有异议,其没有证据能力,不能作为定案根据。理由如下:

(1)某工美红木文化艺术研究所木材鉴定报告没有鉴定单位的盖章,没有鉴定人的签名。鉴定意见既要有盖章,还要有签名,才能作为定案根据,两者缺一不可。

(2)鉴定聘请书委托的是某工美文化艺术研究所,而出具木材鉴定报告的却是某工美红木文化艺术研究所,两者不是同一主体。鉴定单位文不对题。

(3)鉴定机构是否有合法的资质证书存疑。鉴定书后面没有附上鉴定机构的资质证书，无法确认资质证书是否齐备，无法确认资质证书是否由省级以上司法行政部门颁发，无法确认资质证书是否在有效期内，是否经过年检，无法确认鉴定事项是否在鉴定机构及鉴定人员的准许鉴定范围内。

(4)两位鉴定人是否具备法定资质，是否有相关专业技术或者职称，存疑。对于鉴定人是否需要回避，是否和本案有利害冲突关系，我们也无从得知。

(5)鉴定对象与送检材料是否一致，存疑。

(6)鉴定聘请书中表述：对刘春诈骗的海南黄花梨进行鉴定。进行哪方面的鉴定，表述不清，是鉴定种类，还是鉴定真假，还是鉴定价格，不清楚。

鉴定报告补充签名

针对鉴定报告，我们进行了有理有据的质证。没想到，开庭后，过了一段时间，检察官又重新提交某工美红木文化艺术研究所于2019年5月新出具的木材鉴定报告。我一看，原来是补充了鉴定单位的章、鉴定人的签名。

第二次开庭，我们提出，公诉人提交的木材鉴定报告，显然还是此前那些原原本本的鉴定报告，只不过最近加盖了单位的章，补签了鉴定人的名字，这是不合法的。值得注意的是，2019年10月开庭当天，已经经过充分的法庭调查、法庭辩论以及最后陈述，合议庭宣布择日宣判。也就是开庭程序包括举证、质证环节已经结束了，不能再倒回去，不能程序倒转，公诉人此时再拿出这些鉴定报告显然于法无据。

我们认为,本案属于事实不清、证据不足,不能认定被告人有罪的情形,应当作出无罪判决。

遗憾的是,2019 年 12 月,M 市中级人民法院做出判决,认定刘春犯诈骗罪,判处有期徒刑 13 年。换言之,比之前减少 1 年。

再次上诉,遗憾落幕

刘春不服,继续上诉。

我们向省高级人民法院申请二审公开开庭审理,申请被害人、证人出庭,申请鉴定人出庭,申请调取证据,申请查阅讯问同步录音录像。

我们说,希望某博物院鉴定专家出庭作证。

省高级人民法院法官说,博物院鉴定专家拒绝见面谈话了解情况。

我们说,某博物院的鉴定资质、鉴定程序、鉴定结论均存疑,我们甚至连哪个专家作出的鉴定都不知道,这是极其荒谬而滑稽的。法院可依职权要求某博物院鉴定专家出庭,否则该博物院作出的鉴定报告不能作为定案根据。

我们和省高级人民法院法官交流九大方面:

第一,某博物院出具的鉴定意见书、某工美红木文化艺术研究所出具的木材鉴定报告,这两份鉴定书的合法性、真实性存疑,没有证据能力,不能作为定案根据。

第二,失窃的和施武未提供的、未鉴定的藏品,价值有可能超过 2332 万元。

刘春出售的藏品并非均系仿品。目前,已经查明清代民窑香薰1件、民窑知梅橙色花碗1对、铜镜1枚均系真品，且被害人施武有部分藏品未提供、未鉴定，施武还称部分藏品被盗，导致无法鉴定，不排除该部分藏品中有真品的可能性，不排除该部分物品价值超过双方交易金额的可能性，不排除全部藏品做鉴定后施武反而赚钱的可能性。

一审判决书显示，第一部分的交易包括字画97件(套)、红珊瑚9个、山水画印章1套。其中15件(套)字画于施武购买后被窃。也就是说，所谓“被窃的藏品”占到交易数量的15.5%。第二部分的交易包括瓷杂64件(套)。其中，9件(套)瓷杂于施武购买后被窃。也就是说，所谓“被窃的藏品”占到交易数量的14%。另经鉴定，清代民窑香薰1件系清晚期、民窑知梅橙色花碗1对系晚清—民国、铜镜1枚系汉代。另有3件施武未提供，亦未鉴定。辩护人认为，失窃的藏品和施武未提供、未鉴定的藏品，不排除是真品的可能性。显然，一审法院认定“隐瞒交易物品实为刘春所有且均系仿品的真相”是错误的。辩护人认为，失窃的和施武未提供的、未鉴定的藏品，价值有可能超过2332万元。

第三，关键人秦道仁的最后陈述证明刘春没有实施诈骗行为。

秦道仁在此前的笔录中，前期称不存在诈骗，后期称“刘春告诉我是真的，我和施武说是真的”。但是，在2020年10月，省高级人民法院法官、省检察院检察官、辩护人一起去找秦道仁谈话，秦道仁明确表述刘春没说过东西是真的，他也没说过东西是真的，让施武自己选。他们的销售方式为非保真销售，东西由施武先带回家自己判断或找人鉴定后，再决定是否购买。秦道仁作为关键人,他的供述和陈述存在大量不一致的地方。不排除秦道仁为了自己的利益,在侦查人员不当施压后,作出违心的供述,作出违背事实的、不利于刘春的供述。只有查阅复制讯问、询问录音录像后,才能更好地查明案情。即便采信秦道仁的供述或陈述,也应该以 2020 年 10 月最后的陈述为准。2020 年 10 月的陈述是秦道仁在自愿情况下作出的。关键人秦道仁的最后陈述证明刘春没有实施诈骗行为。

第四,刘春、施武、秦道仁、童元森、谢清等人的微信、短信记录是重要的证据材料,却没有完整搜集,认定诈骗罪的证据不足。

第五,刘春出售的藏品均有明确的来源,无证据证明刘春明知是仿品而冒充真品出售。

刘春对出售的藏品,能清晰地说出明确的来源。这显示出他主观上认为所出售的藏品为真品,这是他多年辛苦的收藏。无证据证明刘春明知是仿品而冒充真品出售。

第六,刘春销售方式为非保真销售,并没有保证按真品销售。

第七,施武的陈述存在大量不能作出合理解释之处,存在互相矛盾之处,其并未产生错误认识,并非基于错误认识处分财产。

第八,延续千百年的古玩行业具有特殊性,司法应充分尊重其特殊性。若机械套用刑法罪名,将对古玩行业带来不可估量的重大负面影响。

第九,刘春、秦道仁与施武之间系显失公平的可变更、可撤销的买卖合同纠纷,与刑事犯罪无关。

2020 年 12 月,省高级人民法院裁定,驳回上诉,维持原判。这起努力 3 年的案件,以遗憾落幕。略感欣慰的是,我们认为某博物院出具的鉴定意见书真实性、合法性存疑，不得作为定案根据，省高级人民法院采纳这点意见；与此同时，我们认为刘春家庭被查封的 4 套房产，系夫妻合法财产，即使责令刘春退赔，也要考虑刘春配偶合法享有一半份额，省高级人民法院对此亦予以采纳。4 套房产被拍卖后，刘春妻子获得一半钱款。

2024 年 3 月 3 日

追诉时效

追诉时效期限，是个有意思的话题，几乎每隔一段时间就会引起大家关注，尤其涉及故意杀人案件。

前段时间，最高人民检察院发布一批指导性案例，其中一个案例是，女子杨菊云因家暴杀死丈夫后，携子潜逃，在潜逃 24 年后被抓获，后最高人民检察院核准不予追诉。

追诉时效，是指刑事法律规定的对犯罪分子追究刑事责任的有效期限。犯罪已过追诉时效期限的，不再追究刑事责任。根据《刑法》第 87 条的规定，犯罪经过下列期限不再追诉：(1)法定最高刑为不满 5 年有期徒刑的，经过 5 年；(2)法定最高刑为 5 年以上不满 10 年有期徒刑的，经过 10 年；(3)法定最高刑为 10 年以上有期徒刑的，经过 15 年；(4)法定最高刑为无期徒刑、死刑的，经过 20 年。如果 20 年以后认为必须追诉的，须报请最高人民检察院核准。

追诉时效期限的规定，主要是考虑既要实现正义，同时也要兼顾执法成本、执法效率问题，还要考虑是否还有社会危害性问题。本案中，杨菊云杀害丈夫，涉嫌故意杀人罪，法定最高刑为死刑，但超过了 20 年，须报请最高人民检察院核准。最高人民检察院综合考虑本案因家庭矛盾引发，且被害人的父母、儿子都已经谅解，不要求追究杨菊云的刑事责任，且事情经过 20 多年，在当地的影响已经淡化，杨菊云本人也不再有社会危害性，最终决定对杨菊云不予核准追诉。如此处理，能够实现法律效果和社会效果的统一,有利于化解矛盾。社会主流对家庭暴力也是谴责态度,本案不追诉不至于冲击社会稳定和民众观感。

作为刑事辩护律师,我们在办案中,要时刻紧绷追诉时效期限这根弦,在能用的时候用起来,最大化地维护当事人权益。近期,我办了一个案件,就是利用追诉时效期限成功辩护。

申请取保候审未遂

王成(化名)被抓了,涉嫌参加黑社会性质组织罪、故意伤害罪、寻衅滋事罪。

王成的老婆找到我,说王成是个朴实的人,没有干过违法犯罪的事。

家属的陈述固然是一面之词,但毕竟是朝夕相处的人,有利于我们了解当事人是怎样的人。

我的当务之急是会见王成,了解情况再选择辩护策略。

王成先被某市公安机关监视居住,后转为刑事拘留。疫情期间,会见不易,我隔着一道玻璃,和王成通过打电话会见。

王成一开始很消沉,随着会见,他的状态慢慢好起来。

王成说,1998 年,他在一家运输公司从事售票工作,老板是于某。最近,运输公司老板于某因组织、领导黑社会性质组织罪被抓了,牵连了一大帮人,但他是无辜的,他没有参加老板的什么组织,和老板 20 年没联系了。

据王成回忆,1998 年有一天,驾驶员肖某、售票员王成和另一个售票员李某出车。经过一个地段时,一群农民工正在修路,交通堵塞,农民工催促他们赶紧离开,但是一时半会走不了。后来农民工开始辱骂驾驶员和售票员,驾驶员肖某下车对骂,农民工手持铁器击打驾驶员肖某。售票员王成和李某赶紧下车劝架、拉架。不料,又来了一群农民工,手持铁器击打劝架的售票员王成和李某,王成被迫一边回击一边躲闪,很快就逃跑了。王成的头部受伤,缝了四针。对方有人受伤,轻伤或重伤。

会见后,我向公安机关递交《取保候审申请书》,和办案民警沟通。我认为,王成不构成参加黑社会性质组织罪、故意伤害罪、寻衅滋事罪,且本案超过追诉时效,不应再追究刑事责任。对王成采取取保候审也不致发生社会危险性。

办案民警态度客气,说会再研究。不过,公安机关最终还是不同意取保候审,而是报请检察院批准逮捕。

火速和检察官沟通

检察院有 7 天时间审查是否批准逮捕,这 7 天至关重要。我写好《建议不批准逮捕的法律意见书》,驱车前往检察院,和承办检察官当面沟通。

我和检察官说,面对一群人行凶,不能强行要求王成不去回击。王成并未手持钢管随意殴打他人,只是被动地用拳头回击,被动地实施防卫行为,系正当防卫,不构成犯罪。王成供述的"手持钢管",系办案人员逼供所得,与事实不符。

我进而提出,本案追诉时效是 5 年或者 10 年。本案发生在 20 多年前,显然已经超过追诉时效期限,不应再追究刑事责任。案发后,王成一直遵纪守法,没有其他的违法犯罪行为。王成也没有逃避侦查,而是正常上下班。因此,追诉期限要正常计算,本案已经超过追诉时效。20 多年来,王成没有和老板于某联系,没有参加黑社会性质组织。

检察官说,这个案子比较复杂,涉及 20 多年前的事,当时是否刑事立案要核实,再看是否超过追诉时效,再决定是否批准逮捕。同时,毕竟是涉黑案件,也要汇报。

此后,我又多次和检察官打电话良性沟通。我说,王成不符合逮捕的条件,建议尽快决定不批捕。

审查逮捕期限的最后一天,检察院最终决定不批准逮捕。王成在当天被释放。

王成出来后,和我说,因为这段时间的事情,公司辞退他了,他要去找下一份工作养家。

一年后,王成顺利解除取保候审,回归正常生活。

刑事案件关乎每个具体的个人的生命和自由、财产,不可不慎。

2022 年 7 月 25 日

链接　南京医学院奸杀案是否须报请最高人民检察院核准追诉

发生在 28 年前的南京医学院女生遇害案告破。1992 年 3 月 24 日,南京市鼓楼区原医学院,发生一起杀害在校女学生林某的案件。死者系被钝器击打头部并实施强奸后,按入窨井中死亡。

借助现代刑侦技术和大数据的发展,2020 年 2 月 23 日,南京警方将犯罪嫌疑人麻某钢(男,54 岁,江苏沛县人,南京某公司驾驶员)抓获。

这两天,法律圈关注讨论该案是否已经超过 20 年追诉期限,是否须报请最高人民检察院核准追诉。

所谓追诉时效或追诉期限,是指《刑法》规定的,对犯罪人进行刑事追诉的有效期限;在此期限内,司法机关有权追诉;超过此期限,司法机关就不能再行追诉。麻某钢可能涉嫌强奸罪和故意杀人罪,根据 1979 年《刑法》或 1997 年《刑法》,法定最高刑均为无期徒刑或死刑。

第一种观点认为适用 1997 年《刑法》第 88 条的规定,不需要报请最高人民检察院核准追诉。

1997 年《刑法》第 88 条规定,在人民检察院、公安机关、国家安全机关立案侦查或者在人民法院受理案件以后,逃避侦查或者审判的,不受追诉期限的限制。

该观点认为,本案属于公安机关当年已经立案侦查以后,逃避侦查的,不受追诉期限的限制。也就是说不存在超过 20 年追诉期限的问题,不需要报请最高人民检察院核准追诉。

但是,这是 1997 年《刑法》的规定,案发在 1992 年,可以直接适用吗?

于是有了第二种观点,认为适用 1979 年《刑法》,须报请最高人民检察院核准追诉。

1997 年《最高人民法院关于适用刑法时间效力规定若干问题的解释》第 1 条规定,对于行为人 1997 年 9 月 30 日以前实施的犯罪行为,在人民检察院、公安机关、国家安全机关立案侦查或者在人民法院受理案件以后，行为人逃避侦查或者审判，超过追诉期限或者被害人在追诉期限内提出控告，人民法院、人民检察院、公安机关应当立案而不予立案，超过追诉期限的，是否追究行为人的刑事责任，适用修订前的《刑法》第77条的规定。

根据该司法解释，如果当年公安机关已经立案侦查，行为人逃避侦查，超过20年追诉期限的，是否追究行为人的刑事责任，适用修订前的《刑法》第77条的规定，即1979年的规定。

1979年《刑法》第77条规定，在人民法院、人民检察院、公安机关采取强制措施以后，逃避侦查或者审判的，不受追诉期限的限制。

而本案的犯罪嫌疑人此前并没有被公安机关采取强制措施，显然属于“受追诉期限的限制”的情形。也就是说超过了20年的追诉期。那么，是不是就不处罚了？

本案死者系被钝器击打头部并实施强奸后，按入窨井中死亡，属于犯罪手段极其残忍，犯罪情节极其恶劣，犯罪后果极其严重，主观恶性极深，依法应当予以严惩。同时，我国具有深厚的“善有善报，恶有恶报”“杀人偿命”的文化传统和心理。面对如此恶劣的案件，如果抓到凶手而不进行处罚，可能引起社会反弹。

所幸，虽然1979年《刑法》和1997年《刑法》都规定，法定最高刑为无期徒刑、死刑的，追诉期为20年；但同时还规定，如果20年以后认为必须追诉的，须报请最高人民检察院核准。

本案符合该规定，属于“二十年以后认为必须追诉的”情形，须报请最高人民检察院核准。

但是，紧接着有了第三种观点，认为根据2018年全国人大常委会法工委和2019年最高人民法院的答复,仍然应当适用1997年《刑法》,不需要报请最高人民检察院核准追诉。

全国人大常委会法工委于2018年10月10日发布的《对如何理解和适用1997年刑法第十二条第一款规定有关问题的意见》和最高人民法院研究室《关于如何理解和适用1997年刑法第十二条第一款规定有关问题征求意见的复函》,明确了对追诉期限跨越到1997年《刑法》施行之后的犯罪行为,在追诉时效方面适用的是"从新"原则。[①] 最高人民检察院第二检察厅在办理辽宁省检察院报请核准追诉的阎某某故意杀人罪案件过程中,曾就同样的问题征求过最高人民检察院研究室和最高人民法院刑事审判第三庭的意见。最高人民检察院研究室答复适用1997年《刑法》第四章第八节的规定,最高人民法院刑事审判第三庭口头答复称,他们理解《刑法》第12条第1款的规定是,对定罪量刑适用"从旧兼从轻原则",对追诉时效适用"从新"原则。

有观点认为,全国人大常委会法工委和最高人民法院的答复暂未向社会公开,且与传统刑法认识和司法实践相矛盾,如何执行存在争议,例如,此前有些最高人民检察院未核准追诉的,是否要重新启动追诉等问题。此类问题需要从国家层面进一步明确解决方案。

不过,即使适用1997年《刑法》,还有第四种分歧观点,集中在如何理解"逃避侦查"这几个字。如果犯罪行为人麻某钢在公安机关立案侦查以后,逃避侦查的,不受追诉期限的限制。如果

---

① 张志杰主编:《刑事检察工作指导》(2019年第2辑),中国检察出版社2016年版,第70页。

麻某钢没有逃避侦查，当然受追诉期限的限制，超过20年追诉期限，认为必须追诉的，须报请最高人民检察院核准。

我们先回看1997年《刑法》的规定。

1997年《刑法》第87条第4项规定，犯罪经过下列期限不再追诉：法定最高刑为无期徒刑、死刑的，经过20年。如果20年以后认为必须追诉的，须报请最高人民检察院核准。

第88条规定，在人民检察院、公安机关、国家安全机关立案侦查或者在人民法院受理案件以后，逃避侦查或者审判的，不受追诉期限的限制。

本案当年公安机关已经立案侦查。司法实践中以事立案和以人立案的都有，本案属于以事立案，当年虽然没有明确犯罪嫌疑人，但是从明确犯罪事实进行刑事立案。

然而，犯罪行为人麻某钢是否逃避侦查？法律界对什么叫"逃避侦查"，存在争议。

根据全国人大常委会法工委编著的《中华人民共和国刑法释义》的解释，"逃避侦查或者审判主要是指以逃避、隐藏的方法逃避刑事追究"。

所谓"逃避侦查"，有人理解成：在人民检察院、公安机关、国家安全机关立案侦查或者在人民法院受理案件以后，虽然司法机关尚未查明犯罪嫌疑人，但犯罪行为人知道或者应当知道司法机关已经立案侦查或者受理该案件，而其未主动归案的。本案当年社会影响极大，媒体广泛报道，属于"司法机关尚未查明犯罪嫌疑人，但犯罪行为人知道或者应当知道司法机关已经立案侦查该案件，而其未主动归案的"的情形，属于"逃避侦查"。

但是，诸多法学专家认为不应对"逃避侦查"解释得过于宽泛。

张明楷教授认为,追诉时效延长必须具备两个条件:(1)检察院、公安机关、国家安全机关已立案侦查或者法院已受理的案件;(2)行为人逃避侦查或者审判。具备这两个条件的,不论经过多长时间,任何时候都可以追诉。在司法机关立案侦查或者受理案件以后,行为人并没逃避侦查与审判的,仍然受追诉期限的限制。这里的“逃避侦查与审判”,应限于积极的、明显的、致使侦查、审判工作无法进行的逃避行为,主要指在司法机关已经告知其不得逃跑、藏匿甚至采取强制措施后而逃跑或者藏匿;对于行为人实施毁灭证据、串供等行为的,不宜认定为“逃避侦查与审判”。如果对“逃避侦查与审判”作过于宽泛的理解,追诉时效制度会丧失应有的意义。

高铭暄教授等人认为,对逃避侦查或者审判行为不能解释得过于宽泛,应该将其理解为逃跑或者藏匿致使侦查或者审判无法进行的行为。没有逃跑或者藏匿的,不能使用追诉时效延长。虽然这些行为也具有妨碍侦查或者审判的性质,但他们不能使侦查或者审判无法进行,因此,他们不属于我国《刑法》第88条第1款所说的“逃避侦查或者审判的行为”。

笔者赞同适用1997年《刑法》,也赞同不应该对“逃避侦查”解释得过于宽泛,如果将“只要立案侦查后未主动归案”视为“逃避侦查”,那么追诉时效制度可能落空,丧失应有之义。追诉时效制度体现宽严相济、“历史从宽、现行从严”的政策,有利于司法机关集中精力追诉现行犯罪,“好钢用在刀刃上”。

那么,犯罪行为人麻某钢是否“逃避侦查”?“逃避侦查”仍然应该回到主客观两方面进行分析。主观上,犯罪嫌疑人知道自己的行为应该负刑事责任;客观上,犯罪嫌疑人积极实施逃跑或者隐匿行为,所采取的手段使侦查难以进行。本案中,麻某钢当年作为 20 多岁的年轻人,心智成熟,加上媒体广泛报道,其应当知道自己的强奸杀人行为要负刑事责任,但是,据媒体报道,28 年来,他基本生活在案发地南京。他没有隐姓埋名,而是就地结婚并育有一女,把某县老家的母亲也接到南京居住。他酷爱养狗,与人交流养狗经验并且做相关生意。他在 20 多年前,就搬到某路某小区居住,一直没有更换地方,日常与街坊四邻关系很好。他在案发后入职南京国企某某集团,这么多年都是司机,是正式员工,有编制,其父亲也是某某集团老员工。他还是某某集团旗下一公司的合伙人。在同事眼中,他工作一直不错,人缘也不坏。也就是说,麻某钢的居住地高度稳定,工作岗位也高度稳定,作为司机接触面较为广泛,由此难以看出麻某钢积极实施逃跑或者隐匿行为,难以得出其"逃避侦查"的结论。如果仅有毁灭证据等行为,也不宜认定为"逃避侦查"。当然,麻某钢是否存在"逃避侦查"行为,仍需司法机关进一步调查、核实。

笔者认为,从现有信息来看,犯罪行为人麻某钢在公安机关立案侦查以后,没有逃避侦查,受追诉期限的限制,其超过 20 年追诉期限,属于"认为必须追诉的"情形,须报请最高人民检察院核准。

从司法实践来看,已经有多起类似的超过 20 年的案件,下级检察院报请最高人民检察院核准追诉。深圳市人民检察院曾办理一起杀人潜逃 22 年的案件,依法报最高人民检察院核准予以追诉犯罪嫌疑人王某。最终,王某被判处死刑,缓期 2 年执行。目前,确实也存在适用尺度不一的问题,需要从国家层面进一步明确哪些情况需要报请最高人民检察院核准,哪些情况不需要,需要从国家层面进一步完善追诉时效制度。

综上所述,从实体正义和程序正义的角度看,本案应该报请最高人民检察院核准追诉。如此,告慰逝者,安慰生者,既取得法律效果,也取得社会效果。

2020 年 2 月 26 日

(补注:2020 年 2 月 23 日晚,南京市公安局发布消息称,该案已告破,嫌疑人已被抓获。3 月,南京市人民检察院对犯罪嫌疑人麻某钢依法作出批准逮捕决定。其间,经过专题研究、检委会讨论,南京市人民检察院认为从案发至犯罪嫌疑人被抓获归案已过 20 年追诉期限,没有法定的追诉时效延长、中断情形,且具有追诉必要性,遂报请江苏省人民检察院层报最高人民检察院核准追诉。9 月 16 日上午 9 时 10 分,南京市中级人民法院对该案进行开庭审理。10 月 14 日,"3 · 24 南京医学院女生被杀案"一审宣判,麻某钢被判死刑。2021 年 1 月 19 日,江苏省高级人民法院依法对麻某钢强奸、故意杀人一案进行二审宣判,裁定驳回上诉,维持原判,依法报请最高人民法院核准。2021 年 6 月 10 日,遵照最高人民法院下达的执行死刑命令,南京市中级人民法院依法对麻某钢执行死刑。)

翻版药神案

癌症仍然是一个世界性难题。

根据世界卫生组织国际癌症研究机构(IARC)发布的2020全球癌症负担数据:2020年,全球癌症新发1929万例,其中23.7%(457万例)发生在中国;全球癌症死亡996万例,其中30.1%(300万例)发生在中国。

甲磺酸阿帕替尼,是一种治疗胃癌的药品,对其他癌症也有作用。Z市,一盒甲磺酸阿帕替尼1150元,医保可以报销60%或70%,但政策突然变化,只有胃癌二期以后的患者办理特药证后才能报销,这就导致很多患者负担大大加重,有的甚至买不起药。

我的当事人高小春(化名)是医药销售公司业务员,利用他人的特药证,购买药品后,低价卖给患者,甚至免费送给患者。

2021年6月,高小春等12人涉嫌诈骗罪,被Z市Y县公安机关刑事拘留。我接受委托后,第一反应是,翻版药神案?

会见过后,不批准逮捕

2021年7月,高小春父母找到我,说儿子被公安机关刑事拘留后,已经被报请检察院审查逮捕。

时间紧急,我马上出发去看守所会见高小春。

据高小春说,他是医药公司的医药信息沟通专员,也就是医药代表。高小春销售药品甲磺酸阿帕替尼,每销售一盒,公司给的提成是 30 ~ 100 元。甲磺酸阿帕替尼的市场价是每盒 1150 元,如果走医保报销,可以报销 690 元,患者个人只要出 460 元。一开始,有些不能报销药品的人、买不起药的人找到医药代表高小春,询问是否有办法。高小春等人就想到借用他人特殊药品证购买医保药品。高小春等人自己出钱,以 460 元一盒的价格购买,拿到药品后,低价销售给那些不能报销药品的人、买不起药品的人,有的甚至免费赠送。后来,高小春等人发现也可以冲刺销量,提高公司给的提成,于是高小春等人继续套取药品。倒卖药品赚不了多少钱,主要还是看中公司给的提成,销量越大,提成越多。

这个案件的大背景是,2020 年 6 月之前甲磺酸阿帕替尼在该市是全癌种报销。持医保卡买药,医保是报销的。报销比例是职工医保报销 70%,居民医保报销 60%。2020 年 6 月之后,该市政策突然改了,必须是胃癌二期以后的患者买这种药才可以报销。到了 2020 年年底,该药品进了“特药名录”,只有持特药证购买,才可以报销。而办理特药证,需要胃癌二期以后的患者提供出院报告单、CT 报告单、病理报告和特药审批表,到医保局的行政服务中心办理。其他癌症患者和胃癌初期的患者买这种药,医保就不能报销了,要买的话只能全价买。甲磺酸阿帕替尼这种药定价比较高,正常癌症患者一天就要吃 1 ~ 2 粒,一粒就要 100 多元,而且不能停,这就导致很多人吃不起药。

会见过后,我撰写、提交《关于建议对高小春涉嫌诈骗罪一案不予批准逮捕的法律意见书》,并和检察官当面沟通。

我和检察官说,高小春利用他人的特药证,多购买甲磺酸阿帕替尼,再转卖他人,骗取了医保统筹基金报销部分数万元,但客观上也实实在在帮助了那些买不起药的人。主观方面，高小春一方面是想帮助那些不能报销药品的人、买不起药品的人，另一方面是想冲刺销量拿提成。我们认为情节较轻，主观恶性较小，希望检察院不批准逮捕。

检察官态度温和，了解情况、综合考虑后，对全案的 12 人均不批捕。

企业合规不起诉，反复申请适用未遂

案件移送检察院审查起诉前后，我多次和检察官沟通，建议适用企业合规不起诉。检察官认为这 12 人都是公司销售员，不是公司负责人，无法适用。

为此，我又撰写《关于建议对高小春等人涉嫌诈骗罪一案适用企业合规不起诉的法律意见书》，详细论证。

第一，除了企业负责人，企业销售员也可以适用企业合规不起诉。

关于企业合规不起诉，目前存在一个认识误区，认为只有企业负责人才能适用企业合规不起诉。实际上，企业的工作人员包括销售人员也可以适用企业合规不起诉，而高小春等 12 人正是某医药公司的销售员、医药代表。

最高人民检察院检察理论研究所所长谢鹏程曾表示，合规就是使一个组织能够遵守法律、规章、惯例和道德的管理体系。所谓组织，即由职责、权限和相互关系构成特定功能的一个人或一组人。也就是说，个体经营者、公司、集团、商行、企事业单位、权力机构、合伙企业、慈善团体或其他机构，或者上述组织的一部分或结合体,无论其是否具备法人资格,无论公有还是私有,都可以适用企业合规不起诉。如此一来,企业合规的辐射人群大大扩张。

从最高人民检察院发布的典型案例来看,企业一般工作人员也被纳入合规不起诉的范围。最高人民检察院发布企业合规改革试点的四个典型案例,其中一个就是针对企业的业务员作出不起诉决定,即王某某、林某某、刘某乙对非国家工作人员行贿案。

第二,某医药公司有必要进行合规整改,可作为检察机关试点企业合规不起诉的案例。

某医药公司是集科研、生产和销售于一体的大型医药企业,是一家从事创新和高品质药品研制及推广的制药企业,入选中国民营企业 500 强,入选全球制药企业 50 强。

然而,遗憾的是,该医药公司高小春等 12 人集体爆发骗取医疗统筹基金案,高小春等 12 人为了完成公司的销售任务而作出违法犯罪行为,也暴露出公司治理结构和治理体系存在一些问题,暴露出公司在制度建设和日常管理中存在一些漏洞,尤其是在销售模式上存在问题。因此,该医药公司有必要进行合规整改,通过制定可行的合规管理规范,构建有效的合规组织体系,健全合规风险防范报告机制,弥补企业制度建设和监督管理漏洞,防止再次发生相同或者类似的违法犯罪。本案可作为检察机关试点企业合规不起诉的案例。如果进行企业合规不起诉,更有利于实现法律效果和社会效果的统一。

第三,高小春既想帮助买不起药的人,也想冲刺公司业绩拿提成,系主观恶性较小的初犯。

我递交法律意见书后,多次和检察官沟通,建议适用企业合规不起诉。遗憾的是，检察官仍然表示无法适用。我调整思路，转而和检察官沟通建议适用缓刑事宜。

新增一个罪名，辩护难度加大

本案经两次退回补充侦查，检察院比较慎重。我在和检察官沟通的过程中也感受到，检察官一方面同情高小春等人，知道他们客观上帮助了患者；另一方面又要依法打击犯罪。检察官做了很多工作，思考如何在两难中，寻求更好的解决之道。

公诉机关指控，被告人高小春、王某等6人于2020年10月至2021年5月，利用医药销售公司业务员的身份，在帮助患者购买甲磺酸阿帕替尼药品时，用李某等癌症患者的特药证，在药店以多购买甲磺酸阿帕替尼，再转卖他人的方式，骗取医保统筹基金报销部分，合计63万余元。其中，高小春骗取医保统筹基金8.9万余元。

最终，检察院决定，诈骗金额6万元以下的，全部不起诉，诈骗金额超过6万元的，建议适用缓刑。

我的当事人高小春除了涉嫌诈骗罪，还收取了同事王某等人套取的甲磺酸阿帕替尼，进而低价售卖给他人。

检察官认为，高小春明知王某等人出售给其的621盒甲磺酸阿帕替尼，系套取医保统筹基金所得，而予以收购，合计价值21万余元。这部分也要加以评价，涉嫌掩饰、隐瞒犯罪所得罪。

新增一个罪名，辩护难度加大。我和检察官多次沟通过后，检察官认可掩饰、隐瞒犯罪所得罪事实系高小春主动交代，当时公安机关尚未掌握该犯罪事实，可以认定为自首。起点是3年以上,可以减轻处罚,建议量刑 2 年 6 个月,建议适用缓刑。诈骗罪建议量刑 3 年,建议适用缓刑。

我说,能否加一句,数罪并罚合并执行后,建议适用缓刑。

检察官说,最终还是由法院决定吧。

开庭前后多次沟通,终于宣告缓刑

2022 年 5 月,案件移送法院,我继续和检察官沟通,同时加紧和法官庭前沟通。我一方面把案件的真实情况和法官沟通,另一方面进行类案搜索,诈骗罪和掩饰、隐瞒犯罪所得罪数罪并罚,要宣告缓刑确实有难度,全国各地大部分判实刑,宣告缓刑的屈指可数,我把缓刑案例整理后,提供给法院,增强法院宣告缓刑的动力。

2022 年 8 月,开庭。

发问环节,我问高小春,什么是特药证?为什么患者不自己办理特药证去买甲磺酸阿帕替尼?你为什么用其他人的特药证买,然后销售?你套取了多少盒?花了多少钱?卖到哪里去了?为什么你花 460 元一盒购买,然后以 400 ~ 450 元亏本卖给患者,甚至免费送给他们?

高小春说,我看这些患者太可怜了,很多人买不起药,于是有些我就免费送了。比如,患者吴某某,每个月我免费给他吃三盒,每盒 10 粒药。送了 7 个月,总共 21 盒。他多活了将近一年,患者家属很感谢我!患者李某某,家庭条件差,我很同情,就以 400 元一盒卖了 8 盒给他,每盒 10 粒,另外我又免费送了一盒给他。

法庭辩论环节,我发表辩护意见。

第一，关于诈骗罪。

1. 药品去向有待进一步查清，高小春何时产生犯意有待进一步查清。

2. 高小春把大部分药品低价卖给买不起药的患者，想帮助买不起药的人，也想冲刺公司业绩拿提成，系主观恶性较小的初犯。

本案的特殊情况在于，报销政策的变化导致有人买不起药，癌症患者经济压力大，而高小春等人的行为，让买不起药品的人得了实惠。穷苦患者通过高小春等人的行为买上了治疗癌症的药品，并且是通过相当低廉的价格，只有 400 ~ 500 元一盒，大部分是 400 多元，甚至比报销医保后的 460 元一盒还便宜。这是因为高小春等人主要看中的是公司的业绩提成，以至于其出售药品在某种程度上是亏本的或者利润很小。例如，高小春卖给李某某是 400 元一盒，亏本 60 元一盒；卖给冯某是 450 元一盒，亏本 10 元一盒；卖给戴某是 400 元一盒，亏本 60 元一盒；卖给吕某是 430 元一盒，亏本 30 元一盒；卖给刘某某是 450 元一盒，亏本 10 元一盒；卖给马某某是 420 元一盒，亏本 20 元一盒。

王某等同案犯的供述以及销售记录、转账流水记录也证实，他们大多数是以 400 元、420 元、430 元不等的价格出售药品，比报销医保后的 460 元一盒还便宜。高小春低价卖药给患者，有时候甚至免费赠送，这点高小春在法庭上也做了陈述，可见其主观恶性较小。

3. 高小春形式上入罪，但法益侵害相对较小。

从形式上，高小春构成犯罪，但从实质上来看，法益侵害较小，高小春已经全额退赃，国家的损失得到弥补，穷苦患者得到便宜药品，类似于药神案。

4. 高小春涉嫌诈骗罪系坦白,且全额退赃 8.9 万元,视同消除严重后果,应当与"避免严重后果发生"同等评价,可以减轻处罚。

第二,关于掩饰、隐瞒犯罪所得罪。

1. 检方指控高小春掩饰、隐瞒犯罪所得 21 万余元,该部分是否构罪存争议。

2. 即使认定掩饰、隐瞒犯罪所得罪,高小春系自首。

3. 高小春掩饰、隐瞒犯罪所得行为系同事诈骗行为引发,法益侵害性较小,且全部损失已经得到弥补。

4. 高小春掩饰、隐瞒犯罪所得的违法所得较小,约 6000 元,其愿意继续退出违法所得。

第三,高小春是家里唯一的顶梁柱,有两个孩子,妻子无业,母亲患病,需要高小春照顾。

第四,要兼顾国法、天理、人情,体现刑法的谦抑性。

综上所述,辩护人认为高小春涉嫌诈骗罪和掩饰、隐瞒犯罪所得罪一案,犯罪情节较轻,主观恶性较小,没有再犯罪的危险,符合缓刑条件,请法院对高小春宣告缓刑。

开庭过后,我保持和法官沟通。其间,其他被告人都接到法院电话,让预缴罚金,这可能是宣告缓刑的前奏。而我的当事人高小春,没有接到电话。这让高小春万分焦虑。

我接着和法官沟通,主要强调两点,一是本案情况特殊,高小春的行为确实帮助了很多买不起药的患者,这和其他的诈骗类犯罪是有显著区别的;二是我也提供了针对诈骗罪和掩饰、隐瞒犯罪所得罪数罪并罚宣告缓刑的案例,希望法官顶住压力,作出缓刑判决,取得法律效果和社会效果的统一。

法官说,数罪并罚宣告缓刑确实有压力,她会慎重考虑。

此后,我们达成共识,先预缴罚金。

2022 年 9 月底,假期前夕,法院作出判决,宣告缓刑:被告人高小春犯诈骗罪,判处有期徒刑 3 年,并处罚金 6 万元;犯掩饰、隐瞒犯罪所得罪,判处有期徒刑 2 年 6 个月,并处罚金 5 万元;合并执行有期徒刑 3 年,缓刑 5 年,并处罚金 11 万元。

至此,终于不负所托。当事人高小春发微信给我,“感谢蓝律师这么长时间的付出”。希望这样的案件不再发生,也希望相关部门出台政策的时候能更多地考虑到民众的福祉。

2022 年 10 月 15 日

车轮下的悲剧

逝去的生命永不再来。

2021 年 9 月，一个平淡的下午，在一个老小区，一个两岁的孩子突然跑向路中央，当事人李顺（化名）开车，猝不及防碾压过去，孩子不幸身亡。

L 县公安局交通警察大队《交通事故认定书》认定，两岁的孩子负该起交通事故的次要责任，认定李顺负该起交通事故的主要责任。李顺涉嫌过失致人死亡罪，被刑事立案。

我是李顺的辩护人，看到监控视频全过程，心里咯噔几下，这种悲剧让人难受。不过，既然接受委托，就要尽全力去辩护。

申请复核，争取重新认定

本案是否有辩护空间？辩护的方向是什么？我和当事人李顺沟通，李顺是个老实上班的中年人，上有父母，下有两个孩子，他面对这种情况很迷茫。我研究后，初步确定三大思路：一是申请复核，争取重新认定事故责任，变为同等责任或次要责任。二是现场调查李顺小区是否为封闭小区，社会车辆是否可以自由通行，小区道路是否为法律意义上的“道路”。三是和公安机关沟通，论证这是道路上发生的交通事故，李顺涉嫌交通肇事，而不是过失致人死亡。如果李顺负主要责任，那么无论交通肇事罪还是过失致人死亡罪，都要承担刑事责任。而在同等责任的情况下，李顺如果涉嫌交通肇事，是无须承担刑事责任的，只需要承担民事赔偿责任，如果涉嫌过失致人死亡罪，那么仍然要承担刑事责任。或者，论证这是意外事件，不构成犯罪。

显然，辩护难度大，但仍然有机会。

当务之急是申请复核，争取重新认定事故责任。时间紧急，收到交通事故认定书 3 日之内就要书面申请复核，而明天就是最后一天，今天接受委托，就要梳理思路，类案搜索，加班起草《交通事故认定复核申请书》。

《交通事故认定书》认定，李顺行驶时超过限速标志标明的最高时速，右转弯时未打转向灯，且对路面情况疏于观察，未注意避让行人的过错行为，是造成该起交通事故的主要原因。两岁孩子在车辆临近时突然加速通过事发通道口的过错行为，也是造成该起交通事故的原因。两岁孩子负该起交通事故的次要责任，李顺负该起交通事故的主要责任。

我们认为《交通事故认定书》不公平、不公正，申请撤销该《交通事故认定书》，依法认定两岁孩子负该起交通事故的主要责任或者同等责任，认定李顺负该起交通事故的次要责任或者同等责任。

第一，两岁孩子在车辆临近时突然加速跑向通道口，申请人无法躲避，两岁孩子应负主要责任或同等责任。

申请人对两岁孩子及其家人万分抱歉，也愿意赔偿，但责任的认定应当公平公正。

两岁孩子在车辆临近时突然加速跑向通道口，显然违反了《道路交通安全法》第 62 条“行人通过路口或者横过道路，应当走人行横道或者过街设施；通过有交通信号灯的人行横道，应当按照交通信号灯指示通行；通过没有交通信号灯、人行横道的路口，或者在没有过街设施的路段横过道路，应当在确认安全后通过”及第 63 条“行人不得跨越、倚坐道路隔离设施，不得扒车、强行拦车或者实施妨碍道路交通安全的其他行为”之规定。

监控视频显示，两岁孩子突然加速跑向通道口，首先违法，加之两岁孩子个子很小，这是普通人开车躲避不了的，来不及刹车，不可避免会撞到。法律不能强人所难，在不具有期待可能性的情况下，在普通人都会撞到的情况下，尤其是两岁孩子突然奔跑存在重大过错的情况下，应当首先认定两岁孩子负主要责任或同等责任。

申请人搜索国内多起类似案例，认定行人承担主要责任或者同等责任，一并提供给公安机关。虽然我国并非判例法国家，但司法实践中对此类案件谨慎认定的思路仍可借鉴，尤其是关乎一个人的生命自由的时候，有关机关更应慎之又慎。

第二，两岁孩子的母亲疏忽大意，未充分履行监护职责。

两岁孩子的母亲作为监护人，当时位于道路西侧靠近南门位置处与人聊天，明明看到两岁孩子快速跑向另一边，面临危险，仍疏忽大意、置之不理，未充分履行监护职责，间接导致悲剧。《道路交通安全法》第 64 条规定：“学龄前儿童以及不能辨认或者不能控制自己行为的精神疾病患者、智力障碍者在道路上通行，应当由其监护人、监护人委托的人或者对其负有管理、保护职责的人带领。”

第三，《交通事故认定书》的事故形成原因分析与客观事实有出入。

《交通事故认定书》认为,李顺行驶时超过限速标志标明的最高时速,右转弯时未打转向灯,且对路面情况疏于观察,未注意避让行人的过错行为,是造成该起交通事故的主要原因。这与事实有所出入。

首先,事故发生之前,两岁孩子位于道路东侧金色汽车中后部,在用手拉拽后车门,其身高低于该汽车后备厢高度,李顺由东向西行驶至南北向通道交叉口处,视线被停在交叉口处的金色汽车遮挡。李顺并非对路面疏于观察,而是由于金色汽车的遮挡,客观上不能观察到身高低于车辆高度的两岁孩子。

其次,在李顺驾车在路口处转弯时,两岁孩子突然加速靠近,由于两岁孩子处于李顺的视野盲区,客观上无法注意到突然加速通过的两岁孩子,客观上无法做到及时避让。

应当说,事故双方均违反了《道路交通安全法》的有关规定,但基于前述分析,事故发生的主要原因是两岁孩子在驾驶员的视野盲区处玩耍,突然加速跑向路口,未提前观察路口处车辆情况,且监护人未充分履行监护职责等,导致李顺驾车经过时无法预见也无法看到两岁孩子的出现,从而发生交通事故。因此,两岁孩子一方应当负主要责任或同等责任,李顺应当负次要责任或同等责任。

第四,《交通事故认定书》程序违法,影响案件公平公正处理。

《道路交通事故处理程序规定》第63条明确规定,发生死亡事故以及复杂、疑难的伤人事故后,公安机关交通管理部门应当在制作道路交通事故认定书或者道路交通事故证明前,召集各方当事人到场,公开调查取得的证据。

本案不存在国家秘密,不存在商业秘密,不存在个人隐私,但

L 县公安局交警大队从未通知、召集过各方当事人到场,也未公开调查取得的证据。《交通事故认定书》的作出的程序违法,严重影响案件公平公正处理,《交通事故认定书》进行责任划分的公平公正性存疑。

综上所述,该事故认定事实不清、事故成因分析错误、责任划分错误,特提出复核申请,请求依法撤销《交通事故认定书》,依法认定两岁孩子负该起交通事故的主要责任或者同等责任,依法认定申请人李顺负该起交通事故的次要责任或者同等责任。

现场调查,还原事件真相

我们向上一级 T 市公安局交通警察支队递交复核申请书后,又去实地调查。这是个老小区,没有人车分流,不少汽车停在小区路上。案发现场是个 90°直角转弯处,有一辆汽车和一个旧衣物回收箱遮挡视线。我们多次开车,模拟现场,认为李顺身高 160 多厘米,两岁孩子处于其视野盲区,开车无法注意到突然加速通过的两岁孩子,无法做到及时避让。我们认为,该事件为意外事件,或者李顺是同等责任,没有达到主要责任的程度。我们多次拍照、摄影。

此后,我一方面把照片、视频刻录成光盘,撰写法律意见书,提交给公安机关,以便全面、客观地划分责任;另一方面撰写、提交《侦查实验申请书》,申请上一级公安机关进行侦查实验,以便查清事实,重新认定责任。申请人认为,实验的条件应当与事件发生时的条件尽量相同,尽可能在事件发生的原地,使用原来的工具、物品等进行。注意采用科学合理的方法进行,在侦查人员主持下，可以邀请具有专门知识的人参与实验。类似申请人身高的人，驾驶申请人的汽车，并且在拐弯处停放两岁孩子家人的汽车，还原案发现场。

撤销原认定，划分为同等责任

不久，传来消息，上一级T市公安局交通警察支队撤销原认定，L县公安局交通警察大队要重新认定责任。同时，我们得知，L县公安局交通警察大队打算做侦查实验。

L县公安局交通警察大队做完侦查实验后，事故认定变更为同等责任。这是案件的重大进展，为此后的辩护奠定了良好的基础。

步步为营，申请撤销案件

这个案件，每隔一段时间，我就拿来研究一下，寻找辩护点，并检索案例和论文。他山之石，可以攻玉。其间，吴争超的文章《过失致人死亡还是交通肇事——从司法实践看相关刑事法律的适用》，对我启发很大。

根据《最高人民法院关于审理交通肇事刑事案件具体应用法律若干问题的解释》（以下简称《交通肇事案件解释》）第8条之规定，在实行公共交通管理的范围内发生重大交通事故的，依照《刑法》第133条（交通肇事罪）和本解释的有关规定办理。在公共交通管理的范围外，驾驶机动车辆或者使用其他交通工具致人伤亡或者致使公共财产或者他人财产遭受重大损失，构成犯罪的,分别依照《刑法》第 134 条、第 135 条、第 233 条(过失致人死亡罪)等规定定罪处罚。

吴争超的文章总结说,何谓“实行公共交通管理的范围”,《交通肇事案件解释》并未进一步明确,目前有道路认定说和车辆通行说两种观点。“道路认定说”观点认为,《道路交通安全法》中的“道路”仅指公路(国道、省道、县道和乡道)、城市道路以及虽在单位管辖范围但允许社会机动车通行的地方,不包括农村中的村道、田间道路和施工中的公路,也不包括居民小区、厂区等实施封闭管理的内部道路。“车辆通行说”观点认为,即使事故发生的场所不属于《道路交通安全法》规定的道路,但只要该事故系车辆通行时发生的,则仍应认定为“实行公共交通管理的范围”,相应案件应按照交通肇事罪处理。相较于“道路认定说”,“车辆通行说”更为合理。

此后,我们继续努力,起草、递交《撤销案件申请书》。鉴于 L 县公安局交通警察大队已将申请人李顺的交通事故责任重新认定为同等责任,请求撤销李顺过失致人死亡罪一案。

第一,本案系交通事故,李顺在同等责任情况下不应承担刑事责任,可承担民事责任。

L 县公安局交通警察大队《交通事故认定书》认定,李顺驾驶小型普通客车在小区内行驶时未按照小区内标明的限速标志行驶,且在右转弯时未打转向灯未确保安全驾驶的过错行为,是造成该起交通事故的原因。两岁孩子在车辆临近时突然加速通过的过错行为,也是造成该起交通事故的原因。两岁孩子负该起交通事故的同等责任,李顺负该起交通事故的同等责任。

申请人认为,本案应当适用交通肇事罪的相关法律法规、司法解释。根据《交通肇事案件解释》第2条第1款第1项的规定，交通肇事具有下列情形之一的，处3年以下有期徒刑或者拘役：死亡1人或者重伤3人以上，负事故全部或者主要责任的。

本案是同等责任，申请人不应该承担刑事责任，可以承担民事责任。

第二，本案属于在实行公共交通管理的范围内发生的交通事故，适用交通肇事相关法律法规、司法解释。

由《交通肇事案件解释》可知，驾驶机动车辆致人死亡的，应根据该事故是否属于"实行公共交通管理的范围"适用相应的刑事法律规定。如事故发生在实行公共交通管理的范围内的，应按照《刑法》第133条交通肇事罪的规定对行为人定罪量刑。如事故发生在公共交通管理的范围外，则应按照《刑法》第233条过失致人死亡罪的规定对行为人定罪量刑。

但何谓"实行公共交通管理的范围"，《交通肇事案件解释》并未进一步明确，导致司法实践中存在一些不同的解读。《道路交通安全法》第77条规定："车辆在道路以外通行时发生的事故，公安机关交通管理部门接到报案的，参照本法有关规定办理"。《最高人民法院关于审理道路交通事故损害赔偿案件适用法律若干问题的解释》第25条规定："机动车在道路以外的地方通行时引发的损害赔偿案件，可以参照适用本解释的规定。"由相关规定可知，即使车辆在道路以外发生事故，只要是在车辆通行时发生的，相关责任仍应按道路交通事故规则处理。因此，判定事故是否属于"实行公共交通管理的范围"，应着重考察该事故是否系因车辆的通行活动引起的。

申请人认为，本案是由车辆行驶引发的交通事故。L县公安局交通警察大队也认为,李顺驾驶小型普通客车在小区内行驶时未按照小区内标明的限速标志行驶,且在右转弯时未打转向灯未确保安全驾驶的过错行为,是造成该起交通事故的原因之一。也就是说,小区内部道路有限速标志,也要求转弯的时候打转向灯,已经适用了《道路交通安全法》。在这种情况下,同样应该适用交通肇事罪相关法律法规、司法解释,而不应该适用过失致人死亡罪相关法律法规。在交通事故同等责任的情况下,申请人李顺不应承担刑事责任,可承担民事责任。

申请人李顺对两岁孩子及其家人万分抱歉,也愿意赔偿,愿意承担该负的民事责任。申请人是否构成犯罪,是否被追究刑事责任,这是关系到申请人一生的重大问题,关系到申请人生命和自由的重大问题,甚至关系到申请人子女以后工作生活的重大问题,在此请 L 县公安局尽快撤销申请人李顺过失致人死亡罪一案。

我在走访中注意到,该小区虽然有门卫,但外来车辆可以通行。小区旁边有个小学,上学、放学高峰期有一些家长把汽车停到小区内。小区内有限速标志,有停车收费告示。据此,我认为该小区并非封闭小区,社会车辆可以自由通行,小区道路是法律意义上的“道路”,李顺涉嫌交通肇事,而非过失致人死亡。而在同等责任情况下,交通肇事无须承担刑事责任,只需要承担民事责任。我们也一一拍照、摄影,作为证据提交,并撰写、提交补充法律意见书。

在补充法律意见书中,我同时强调,本案也可能是意外事件。李顺在道路 90°转弯处,无法预见两岁孩子会突然跑出来,且李顺视线被停在交叉口处的金色汽车以及路边回收旧衣物的木箱、招牌遮挡,有一定的视线盲区。根据一般人的认知能力和当时的情况,李顺对损害结果的发生不具有预见的条件和能力,损害结果完全出乎李顺的意料之外。李顺不构成过失致人死亡罪,不应当负刑事责任。

此后,我多次和公安机关良性沟通。

一年后,2022 年 9 月底,L 县公安局认为没有犯罪事实,决定撤销案件,当事人李顺无须承担刑事责任。

一个刑事案件就此了结。此后,李顺和保险公司仍要面对民事索赔诉讼。希望这样的悲剧不再发生。

2022 年 10 月 27 日

有偿删帖

一段时间以来,网络有偿删帖行为成了一门生意,甚至是黑生意。有关部门多次打击,风气有所好转。其中,一些有偿删帖行为人被以非法经营罪定罪量刑。不过,我认为,从罪刑法定原则来看,有偿删帖行为是否可以评价为非法经营罪,值得商榷。

我的当事人郑俊(化名)在网上有偿删帖,涉嫌非法经营罪,被公安机关刑事拘留。我研究后决定做无罪辩护。

会见当事人,确定无罪辩护思路

"刑事辩护黄金37天",包括公安机关刑事拘留30天和检察机关审查逮捕的7天时间。这段时间内,律师的辩护很重要,申请取保候审或建议不批准逮捕,是重中之重。当事人家属碰到刑事案件,首先想到的应该是尽快委托合适的律师辩护,宜早不宜迟。

郑俊涉嫌非法经营罪被刑事拘留后,郑俊家人第一时间委托我辩护。我去看守所会见郑俊,了解情况。

郑俊是某网络科技有限公司的网络编辑,主要参与编辑发布公司的文章等。据郑俊说,因为有些恶意中伤公司的帖子,公司领导让郑俊通过正常途径去网站申诉举报,申请删除帖子。

据郑俊说,2019年下半年,他发现有些客户有删除帖子的需求,每删除一个帖子愿意支付80元至几百元不等。2020年,由于新冠疫情的影响，郑俊所在的公司效益不太好，郑俊就想到业余兼职删帖，赚点小钱。郑俊加入一些 QQ 群，有些客户包括网络公司、大专院校、淘宝店铺等，主动加郑俊的 QQ。他们碰到某度、某浪等网站上一些诽谤的帖子、造谣的帖子、竞争对手发的帖子，就想到通过郑俊去删帖。郑俊让客户提供营业执照等材料，自己撰写申诉理由，通过网站正常的申诉举报途径，替人申请删帖。郑俊没有和某度、某浪等网络公司人员内外勾结进行删帖，都是通过正常途径申诉。前前后后，郑俊赚了 10 万余元。

我听完郑俊的陈述后，初步判断不构成犯罪。我宽慰郑俊，会尽力为他做无罪辩护。

申请取保候审，当事人顺利释放

回到律所后，我进一步研究有偿删帖是否构成非法经营罪。

《刑法》第 225 条规定："违反国家规定，有下列非法经营行为之一，扰乱市场秩序，情节严重的，处五年以下有期徒刑或者拘役，并处或者单处违法所得一倍以上五倍以下罚金；情节特别严重的，处五年以上有期徒刑，并处违法所得一倍以上五倍以下罚金或者没收财产：（一）未经许可经营法律、行政法规规定的专营、专卖物品或者其他限制买卖的物品的；（二）买卖进出口许可证、进出口原产地证明以及其他法律、行政法规规定的经营许可证或者批准文件的；（三）未经国家有关主管部门批准非法经营证券、期货、保险业务的，或者非法从事资金支付结算业务的；（四）其他严重扰乱市场秩序的非法经营行为。"

《最高人民法院、最高人民检察院关于办理利用信息网络实施诽谤等刑事案件适用法律若干问题的解释》(以下简称《解释》)第7条规定:“违反国家规定,以营利为目的,通过信息网络有偿提供删除信息服务,或者明知是虚假信息,通过信息网络有偿提供发布信息等服务,扰乱市场秩序,具有下列情形之一的,属于非法经营行为‘情节严重’,依照刑法第二百二十五条第(四)项的规定,以非法经营罪定罪处罚:(一)个人非法经营数额在五万元以上,或者违法所得数额在二万元以上的;(二)单位非法经营数额在十五万元以上,或者违法所得数额在五万元以上的。实施前款规定的行为,数额达到前款规定的数额五倍以上的,应当认定为刑法第二百二十五条规定的‘情节特别严重’。”

根据司法解释,构成非法经营罪要符合三个要素:一是违反国家规定;二是通过信息网络有偿提供删除信息服务;三是扰乱市场秩序。那么,有偿删帖是否违反国家规定,是否扰乱市场秩序?

我研究后认为没有违反国家规定,没有扰乱市场秩序,不构成犯罪。我撰写《取保候审申请书》,向公安机关递交,和办案民警沟通。

第一,郑俊通过正常申诉举报的途径替人申请删帖,并未违反国家规定。

根据《刑法》和《解释》的规定,非法经营罪的第一个构成要件要素是“违反国家规定”。郑俊通过正常申诉举报的途径,替人申请删帖,虽系有偿删帖,但并未违反国家规定。

所谓违反国家规定,是指违反全国人民代表大会及其常务委员会制定的法律和决定,国务院制定的行政法规、规定的行政措施、发布的决定和命令。

在有偿删帖被认定为非法经营罪案件中，所谓“违反国家规定”，主要是指违反全国人大常委会《关于维护互联网安全的决定》（以下简称《决定》）和国务院《互联网信息服务管理办法》（以下简称《办法》）的相关规定。但具体考察《决定》和《办法》相关规定，可以发现都与“有偿删帖行为涉嫌非法经营罪”无关。

《决定》第4条规定，为了保护个人、法人和其他组织的人身、财产等合法权利，对有下列行为之一，构成犯罪的，依照刑法有关规定追究刑事责任：(1)利用互联网侮辱他人或者捏造事实诽谤他人；(2)非法截获、篡改、删除他人电子邮件或者其他数据资料，侵犯公民通信自由和通信秘密。虽然该条款中有惩治“删除他人电子邮件或者其他数据资料”字眼，但这是为了保护公民通信自由和通信秘密，为了保护个人、法人和其他组织的人身、财产等合法权利，与非法经营罪保护的法益“市场秩序”无关，不能援引至非法经营罪。

《办法》第3条规定：“互联网信息服务分为经营性和非经营性两类。经营性互联网信息服务，是指通过互联网向上网用户有偿提供信息或者网页制作等服务活动。非经营性互联网信息服务，是指通过互联网向上网用户无偿提供具有公开性、共享性信息的服务活动。”第4条规定：“国家对经营性互联网信息服务实行许可制度；对非经营性互联网信息服务实行备案制度。未取得许可或者未履行备案手续的，不得从事互联网信息服务。”

由此可见，提供互联网信息服务，是要经过许可或备案的，是有市场准入门槛的。但是，有偿删帖是否属于《办法》规定的“互联网信息服务”，存在争议。《办法》第2条规定：“在中华人民共和国境内从事互联网信息服务活动，必须遵守本办法。本办法所称互联网信息服务,是指通过互联网向上网用户提供信息的服务活动。”也就是说,互联网信息服务有两大构成要件:一是通过互联网;二是提供信息。值得注意的是,我们不论是从《办法》第2条规定,还是从《办法》整体规定来看,互联网信息服务都指向“向上网用户提供信息或者网页制作”,都是与网站或网页制作有关,而不能随意地做扩大解释。否则,人们在微信公众号、微博或QQ空间上发文,都可以评价为提供互联网信息服务,都需要经过许可或备案,这显然是不符合法理的,是不切合实际的。更何况,有偿删帖行为,多数时候并不是提供信息,而是删除信息。

因此,不论是《办法》还是《决定》,都没有对所谓非法经营罪中的“有偿删帖行为”进行规制。也就是说,不能将“有偿删帖行为”认定为违反《办法》和《决定》,进而认定为“违反国家规定”。

第二,郑俊删帖行为并未严重扰乱市场秩序,情节显著轻微,社会危害性不大,不应认为是犯罪。

根据《刑法》第225条的规定,非法经营罪主要针对四大类,一是专营、专卖物品或者其他限制买卖的物品,二是经营许可证或者批准文件,三是经国家有关主管部门批准的业务,四是兜底条款,其他严重扰乱市场秩序的非法经营行为。分析前三类行为,本质上都是国家对特定物品、特定业务设置准入门槛。非法经营罪本质上保护的是政府规制所形成的市场准入秩序。第四类行为也要具有侵害相当法益的程度。

我们回溯非法经营罪的源头,即盐铁专卖。早在春秋战国时期的齐国,由官府垄断经营山海之产,主要是官府经营盐和铁,寓税于价。这本质上是官府为了增加财政收入、维护市场秩序而采取的行为。所以考察非法经营罪,要注意到背后是政府为了增加财政收入、维护市场秩序，而设置市场准入门槛。

再回到有偿删帖行为，是否扰乱市场秩序，是否有侵害“限制经营的物品”“证件”“经国家有关主管部门批准业务”相当法益情形？《决定》第 4 条规定中有“删除他人电子邮件或者其他数据资料”字眼，认为该罪侵犯公民通信自由和通信秘密，换言之，侵犯言论自由权和知情权。《决定》把这类行为放在保护人身权利、财产权利这一部分，而不是放在市场秩序这一部分。也就可以看出，在立法者看来，有偿删帖行为并非属于限制经营的物品或业务，并不能严重扰乱市场秩序，更核心的是侵犯言论自由权和知情权。

郑俊的删帖行为，在民事法律体系中，其实相当于兼职替人正常申诉，向相关网站申请删帖，这并未严重扰乱市场秩序，情节显著轻微，社会危害性不大，不应认为是犯罪。客户本身就想去申诉、举报一些侮辱、造谣的帖子，郑俊只不过帮忙去申诉、举报，从而收取一些辛苦费。何况，如果帖子本身是造谣或侮辱性的，那么进行删除，反而是有利于社会管理的。如果认定全部的“有偿删帖行为”均扰乱市场秩序，那么显然自相矛盾。此外，非法经营罪保护的是政府规制所形成的市场准入秩序，政府准入之后是允许开展业务的。而如果有偿删除他人的真实信息，显然不存在准入问题，本身就不被允许。

第三，郑俊并未通过行贿手段删帖，也并未利用黑客技术侵入计算机信息系统，不构成犯罪。

在实践中，有 3 种删帖模式：第一是通过向国家工作人员或网站工作人员行贿，内外勾结，进而删除帖子。这种行为，一般构成向国家工作人员行贿罪或向非国家工作人员行贿罪。第二是利用黑客技术,侵入计算机信息系统,进行删帖,一般构成非法控制计算机信息系统罪或者破坏计算机信息系统罪等罪名。第三是通过正常申诉、举报途径,向相关网站申请删帖。郑俊就是属于第 3 种情形,属于民事行为,辩护人认为不构成犯罪。

辩护人认为,刑法具有谦抑性,不能随意扩张。当民事手段能解决问题的时候,就不要随意动用行政手段;当行政手段能解决问题的时候,就不要随意动用刑事手段。我们要坚决防止刑事打击扩大化。

我把上述观点和公安机关沟通后,在刑事拘留的第 30 天,郑俊被取保候审,终于可以回家。1 年后,郑俊顺利解除取保候审。

2022 年 11 月 8 日

跌入灰仓

一起事故，两人身亡。

2021 年年初，S 市钢铁公司项目现场，施工负责人樊某进入灰仓作业，中毒跌入灰仓。施工人员韦某急着救人，也中毒跌入灰仓。

陶峰（化名）是项目部总负责人，涉嫌重大责任事故罪，被 S 市 M 县公安局刑事立案。2022 年 6 月，检察院将案件起诉到法院。

2022 年 7 月初，我接受委托，为陶峰辩护。

接受委托后，和法院沟通

检方指控，某环境科技有限公司承揽了 S 市钢铁公司高炉环境除尘改造项目，成立项目部，被告人陶峰为项目部总负责人。2021 年 1 月，某环境科技有限公司在对灰仓处理给料机卡堵作业时，施工负责人樊某未按照原定方案进行施工作业，未办理有限空间作业审批手续，且在无安全防护措施的情况下，进入灰仓作业，中毒跌入灰仓。施工人员韦某急于救人，未佩戴安全防护用品，进入灰仓施救时，也中毒跌入灰仓，致樊某、韦某二人死亡。被告人陶峰作为项目部负责人，履行安全生产职责不到位，未组织对从业人员进行安全生产教育培训和安全技术交底，对施工作业现场督查巡查不力，对事故发生负有主要领导责任。

当事人陶峰的诉求是,希望能够争取缓刑。

我研究后认为,是否构成重大责任事故罪存在争议,有必要在开庭前和法院沟通。

和法院沟通几轮后,我判断,法院有可能宣告缓刑。这时候,我的辩护要稳妥一些,无罪辩护加罪轻辩护,以便于最大化维护当事人利益。

开庭前,要做几件事

在这个案件开庭前,我让陶峰和其所在公司做几件事,增加缓刑的机会。

首先,陶峰和所在公司积极和被害人樊某、韦某的近亲属沟通,达成赔偿协议。

其次,陶峰和所在公司提供相关的安全管理、安全生产文件,以及陶峰在早班会上进行安全讲话的照片和微信聊天记录等。

再次,陶峰所在公司出具情况说明,说明陶峰担任公司总工程师兼副总经理。其平时工作表现突出,在公司大项目上能够到现场测绘指导,从项目招投标到设计、施工,都能深入一线工作,对公司的业务以及技术都起到了带头的作用。如果陶峰被判处实刑,会给公司的业务、技术两方面带来重创,因目前多个项目正由陶峰总负责。请法院对陶峰免予刑事处罚或者宣告缓刑,我公司也会对其加强监督管理。

最后,陶峰所在居委会出具证明,证明陶峰在社区居住期间为人友善,品行较好,乐于助人,平时表现良好,无劣迹。

通过辩护还原事实，维护权益

对于刑事案件，我一般会和当事人做庭前沟通，让当事人消除紧张感，并抓住重点，以便在法庭上正常面对。

开庭时间到了。法庭发问环节如下。

我：你在公司担任什么职务？

陶峰：总工程师。

我：主要负责什么？

陶峰：主要负责市场和技术。

我：S 市高炉环境除尘改造项目，你担任什么职务？主要负责什么？

陶峰：项目负责人，主要负责业务、设计、施工等。

我：该项目之前有没有发生过安全事故？

陶峰：有小的，比如不系安全带，没有大的。我还口头警告过工人没系安全带，对他们批评教育。

我：有没有发现过安全隐患？

陶峰：有。

我：你是怎么处理的？

陶峰：我提醒、告知、阻止他们，甚至罚款。

我：你对下属有没有安全生产教育培训？

陶峰：有一些。

我：有没有安全技术交底？

陶峰：每天早班会上会口头上说的，会强调，钢铁公司也有要求。

我:有没有对施工作业现场督查巡查?

陶峰:一两天去一次。

我:有没有制定安全管理规章制度?

陶峰:之前有一些,确实要加强落实。

我:你是怎么到案的?

陶峰:2021 年 5 月,民警打电话给我,我主动到公安局那边,我也如实供述了。

在法庭辩论环节,我主要阐述公司有安全管理规章制度,陶峰是否构成犯罪存疑,以及陶峰有多个从轻处罚量刑情节。

第一,关于定性,陶峰是否构成重大责任事故罪存在争议。

某环境科技有限公司有安全管理制度、安全生产责任制度,该公司制定了《安全文明专项施工方案》,多次下发《关于执行安全生产责任制的通知》《关于执行安全生产规章制度的通知》《关于执行安全技术操作规程的通知》等。

案发当天施工班前会记录显示,主持人为樊某,参会人员为员工史某、刘某、韦某,当天工作安排是处理出铁场除尘灰仓给料机卡堵,相关安全措施交代为:(1)按出铁场大灰仓给料机卡堵处理方案执行;(2)严禁将手伸进检修孔直接接触卡堵物;(3)办理施工作业,配备灭火器,现场设备停电挂牌;(4)打开检修口后,人员严禁将手或头伸进检修口内,应用工具代替将卡堵物取出。

由此可见,该公司是有相关的安全生产管理规章制度的,并且针对具体情况也有具体的安全举措。相关安全举措是被公司员工知悉的,也是被要求执行的。

遗憾的是,施工负责人樊某并没有按照施工班前会的要求施工，而是在没有安全防护措施的情况下，贸然进入灰仓作业，随后中毒、跌入灰仓。施工人员韦某同样在没有安全防护措施的情况下，进入灰仓施救，也中毒、跌入灰仓，造成两人身亡。

樊某、韦某明知有相关的安全管理制度，并且在施工班前会上也达成共识，严禁将手或头伸进检修口内，应用工具代替将卡堵物取出，实际操作中却没有按照施工班前会的要求严格落实，个人是有一定责任的。这是一起事故，同时在某种程度上也是意外事件。

员工刘某的询问笔录显示："小樊（樊某）和我说把手套给我，我一看小樊想下去看，我就说不能下去啊，太危险了。小樊没说话，然后我就把手套给了他。"

员工史某询问笔录也显示："刘某就上去抱着他（樊某），跟他说别下去。樊某说没事，接着就让刘某把手套给他。"

辩护人庭前提交了某环境科技有限公司微信群的聊天记录，显示陶峰在早班会上进行安全讲话，有相关照片印证。在日常工作中，也会进行安全巡查。

根据《最高人民法院关于进一步加强危害生产安全刑事案件审判工作的意见》第8条的规定，多个原因行为导致生产安全事故发生的，在区分直接原因与间接原因的同时，应当根据原因行为在引发事故中所具作用的大小，分清主要原因与次要原因，确认主要责任和次要责任，合理确定罪责。对于负有安全生产管理、监督职责的工作人员，应根据其岗位职责、履职依据、履职时间等，综合考察工作职责、监管条件、履职能力、履职情况，合理确定罪责。

本案中，两名员工的证言证明大家都知道危险，不能轻易下去,员工刘某还进行了劝阻,结果樊某还是固执地选择下去查看,导致悲剧发生,这是事故发生的直接原因和主要原因。陶峰不应承担主要责任,是否构成重大责任事故罪存在争议。

第二,关于量刑,陶峰具有如下从轻或减轻处罚情节。

1. 陶峰情节较轻,主观恶性较小。陶峰作为公司总工程师,主要负责公司的技术。

2. 公安机关出具的抓获经过显示,陶峰于 2021 年 5 月经公安机关电话通知后,主动到公安机关投案,并如实供述,系自首,可以从轻或减轻处罚。

3. 陶峰和公司积极配合调查,主动对两名被害人的近亲属分别赔偿,可以酌情从轻处罚。

4. 陶峰涉嫌重大责任事故罪,属于非暴力犯罪,非重大恶性犯罪,其已经反省所作所为,没有再犯罪的危险。

5. 陶峰所在的社区居委会出具证明,证明陶峰平时表现良好。宣告缓刑对所居住社区没有重大不良影响。

某环境科技有限公司出具情况说明,证明陶峰对公司的业务以及技术都起到了带头的作用。

6. 司法实践中对此类案件多有宣告缓刑。

7. 陶峰是家里唯一的顶梁柱,有两个年幼的孩子,妻子有疾病,家里全靠陶峰一人。

综上所述,陶峰是否构成重大责任事故罪存在争议,即使构成犯罪,其情节较轻,主观恶性较小,具有自首、赔偿被害人近亲属等情节。请法院对其判决无罪,或者宣告缓刑。

开庭后,我继续和法院沟通。

近日,法院作出判决,宣告缓刑:被告人陶峰犯重大责任事故罪,判处有期徒刑 2 年 6 个月,缓刑 2 年 6 个月。

陶峰心里的一块石头总算落地,可以继续陪伴妻儿。

2022 年 11 月 15 日

鸽子血

有一类案件,当事人涉嫌的罪名较重,我们律师介入后,发现应该是较轻的罪名。这时候,我们可以通过轻罪辩护,维护当事人权益。

曹江(化名)涉嫌组织卖淫罪,被公安机关刑事拘留。该罪量刑起点就是5年以上,最高可以判处无期徒刑。

我作为辩护人,去看守所会见曹江后,初步判断不构成组织卖淫罪,而是较轻的罪名,涉嫌协助组织卖淫罪或介绍卖淫罪,量刑应该是5年以下。于是,我选择做轻罪辩护。

键盘手在网上招揽嫖客

曹江在胡庆(化名)手下工作。胡庆招募女性,用海绵蘸鸽子血伪装处女,进行卖淫活动,每次嫖资1000~10,000元不等。

曹江是"键盘手",冒充女性,在网络上招揽嫖客,接送卖淫女,和卖淫女进行提成。曹江等人在"某陌"软件上发一些网络上找到的图片,有网友主动打招呼,曹江感觉网友有嫖娼的想法,就继续谈。网友付款之后,曹江就开车送卖淫女去约定的地点提供服务。此后,曹江等人按照嫖资1500元抽成500元、1500元至4000元抽成40%、4000元以上抽成50%的标准,进行提成。

争取认定较轻的罪名

我向公安机关递交取保候审申请书,公安机关不同意取保候审。于是,我转而和检察官沟通,认为曹江不构成组织卖淫罪,而是涉嫌协助组织卖淫罪或介绍卖淫罪,递交《建议不批准逮捕的法律意见书》。

1. 曹江不是卖淫人员的招募者或雇佣者,也不是管理者或控制者

根据司法解释的规定,组织卖淫应同时具有三个情节:采取招募、雇佣、纠集等手段;进行管理或者控制他人卖淫的行为;受其管理或控制的卖淫人员达到3人以上。

本案中,卖淫人员并不是曹江招募或雇佣、纠集的,也不接受曹江的管理或控制。一部分卖淫人员是胡庆招募的,接受胡庆的管理或控制。另一部分卖淫人员是杨某招募的,接受杨某的管理或控制。也就是说,胡庆和杨某是老板,是组织者。曹江不参加招募、雇佣、纠集,也不参加管理或者控制。卖淫人员的人身不受控制,可以选择酒店卖淫,选择报价,选择接客或者不接客。

2. 曹江通过互联网发布招嫖信息,是介绍人、中间人

曹江在"某陌"软件上,发布招嫖信息,这是在卖淫者和嫖客之间牵线搭桥、沟通撮合,使他人卖淫活动得以实现的行为,俗称"拉皮条"。曹江作为中间人,介绍成交一单,就提成一单。曹江给胡庆介绍了一个嫖客,嫖资3000元,曹江提成1200元。曹江给杨某介绍了三个嫖客,嫖资分别为3000元、2500元、1500元,曹江提成1200元、1000元、500元。

曹江作为中间人或者介绍人、“业务经理”,利用互联网招揽嫖客,但并没有“管理或者控制”的行为和职权。曹江和卖淫人员并不熟悉,卖淫人员归属两个组织管理,一个是胡庆的组织,另一个是杨某的组织。曹江介绍嫖客给卖淫人员后,卖淫人员可以自主选择接客或者不接客。曹江并没有和卖淫人员形成具有相当管理关系的卖淫组织。

3. 曹江不构成组织卖淫罪,而是涉嫌介绍卖淫罪或协助组织卖淫罪

根据《最高人民法院、最高人民检察院关于办理组织、强迫、引诱、容留、介绍卖淫刑事案件适用法律若干问题的解释》(以下简称《解释》)第 8 条的规定,利用信息网络发布招嫖违法信息,情节严重的,依照《刑法》第 287 条之一的规定,以非法利用信息网络罪定罪处罚。同时构成介绍卖淫罪的,依照处罚较重的规定定罪处罚。第 4 条规定,明知他人实施组织卖淫犯罪活动而为其招募、运送人员或者充当保镖、打手、管账人等的,依照《刑法》第 358 条第 4 款的规定,以协助组织卖淫罪定罪处罚,不以组织卖淫罪的从犯论处。

最高人民法院曾发文表示,关于通过网络、短信发布招嫖信息等公开介绍卖淫的入罪问题。调研时,不少公安机关、法院反映,网络、短信发布招嫖信息等公开介绍卖淫的情况比较严重,应当予以犯罪化处理。在征求意见过程中,全国人大常委会法工委刑法室提出,关于利用网络招嫖问题,在《刑法修正案(九)》公布前,没有明确规定。但是《刑法修正案(九)》将利用信息网络发布违法犯罪信息的行为专门规定为犯罪,因此,对于利用网络、短信发布招嫖信息的行为,适用《刑法》第 287 条之一的规定,以非

法利用信息网络罪追究刑事责任更为妥当。对于能够查实,同时线下实施了介绍卖淫活动,构成犯罪的,可适用介绍卖淫罪追究刑事责任。据此,《解释》第 8 条第 2 款规定:“利用信息网络发布招嫖违法信息,情节严重的,依照刑法第二百八十七条之一的规定,以非法利用信息网络罪定罪处罚。同时构成介绍卖淫罪的,依照处罚较重的规定定罪处罚。”

如前所述,辩护人认为,曹江不构成组织卖淫罪,而是涉嫌介绍卖淫罪或协助组织卖淫罪。

根据《刑法》第 358 条第 4 款的规定,为组织卖淫的人招募、运送人员或者有其他协助组织他人卖淫行为的,处 5 年以下有期徒刑,并处罚金。

根据《刑法》第 359 条第 1 款的规定,引诱、容留、介绍他人卖淫的,处 5 年以下有期徒刑、拘役或者管制,并处罚金。

我还提出,曹江系主观恶性较小的初犯,符合“可以作出不批准逮捕的决定”情形。曹江不符合应当逮捕的条件,对其采取取保候审不致发生社会危险性。

检察院批准逮捕曹江等人,所幸罪名变更为较轻的介绍卖淫罪。

四起犯罪事实去掉三起

批准逮捕满一个月后,我向检察院递交《羁押必要性审查申请书》。

我提出,曹江在“某陌”软件上发布招嫖信息,共介绍胡庆处和杨某处的 4 人卖淫,违法所得 3900 元。曹江与涉案的 4 个卖淫女并不熟悉,不直接交流,犯罪时间短,情节较轻,介入程度不深。曹江未达到情节严重标准,属于一般情节的介绍卖淫。

我和检察官交流,希望检察机关向办案机关提出变更强制措施的建议。检察官表示可以考虑进行羁押必要性审查,但此后考虑到案件涉及 17 岁的未成年女性,认为曹江等人有羁押的必要。

案件移送检察院审查起诉,我研究证据材料后认为,虽然曹江供述,给胡庆介绍了一个嫖客,嫖资 3000 元,提成 1200 元;给杨某介绍了三个嫖客,嫖资分别为 3000 元、2500 元、1500 元,分别提成 1200 元、1000 元、500 元,但是只有第一起犯罪事实清楚,证据确实、充分,其余三起均证据不足。我和检察官反复沟通,最终检察官认可我的观点,只针对第一起犯罪事实提起公诉,认定其提成 1400 元。

关于案件的定性,检察院认为胡庆构成组织卖淫罪,曹江等三人构成协助组织卖淫罪。我和检察官多次沟通后,检察院对曹江建议量刑降低,变为 1 年 3 个月。

近日,法院认定,被告人胡庆以营利为目的,招募卖淫女李某等人,并纠集被告人曹江、王某、秦某为“键盘手”,采用约定比例提成、统一食宿等管理方式,组织上述卖淫女以 1000 元至 10,000 元不等的价格,向男顾客提供卖淫服务,共计非法获利人民币 10 万余元。

法院判决,被告人胡庆犯组织卖淫罪,判处有期徒刑 6 年,被告人秦某、王某、曹江犯协助组织卖淫罪,分别判处有期徒刑 2 年 6 个月、2 年 6 个月、1 年 3 个月。曹江对结果认可,没有上诉。

2022 年 11 月 23 日

换汇疑云

詹富(化名)涉嫌诈骗罪,被公安机关抓获。从厦门一路北上,直达Z市。

我接受委托后,前往会见。Z市是个千年古城,曾经极度繁华,今时不复往昔,却也安静闲适。

申请取保候审未遂

疫情期间,詹富先是被监视居住,再转为刑事拘留。

会见时,詹富状态低落。随着我们交流的深入,他的情绪逐渐缓和。我初步判断不构成诈骗罪。

会见过后,我和办案民警沟通。民警态度客气。

民警说,疫情期间,许多人待在家里,电信网络诈骗犯罪密集爆发。

我说,公安机关打击犯罪是职责所系,同时刑事案件也要严把证据关口,证据不足的案件,不能轻易移送检察院。

我递交《取保候审申请书》后,公安机关没有同意取保候审。刑事拘留第30天,公安机关向检察院提请批准逮捕詹富。

和检察院沟通后不批捕

我撰写《关于建议对詹富不批准逮捕的法律意见书》,向检察院递交,并和承办检察官当面沟通。

第一,詹富不构成诈骗罪,符合“应当作出不批准逮捕的决定”条件。

1. 詹富没有虚构事实、隐瞒真相,没有实施诈骗行为。

据詹富陈述,2020 年 3 月以来,詹富主要跟随孟秀(化名)做兑换人民币和港元的生意。在澳门特区,一些内地游客去娱乐消费的时候,发现港元不够用,就找到孟秀,希望用人民币兑换港元。于是,孟秀让詹富先取出自有的人民币,在某口岸兑换港元,由他人汇给孟秀,孟秀再把港元“卖给”别人,别人再把人民币转到詹富内地账户上。

这种商业模式,赚取的就是汇率中间差价。詹富接受孟秀的安排,简单地进行兑换港元事宜,孟秀从来没和他说过钱的来源,詹富也没有深入思考钱的来源。詹富主观上认为兑换港元是一种正常的商业行为。

至于郭萍(化名)被电信诈骗百万元一事,詹富被刑事拘留之后才得知郭萍把钱款转入詹富的银行账户上。詹富没有虚构事实、隐瞒真相,没有参与诈骗犯罪的策划或实施,此前完全不知道郭萍被诈骗的情况。詹富分多张银行卡多批次取款,换成港元,是因为银行傍晚下班后,他在 ATM 上取款,一张银行卡在 ATM 上只能取几万元,他不得不用多张银行卡取款,进行港元兑换,与诈骗无关。

2. 詹富没有非法占有目的,没有诈骗犯罪的主观故意。

詹富如果知道取款、兑换港元行为是诈骗,他不会去做。这是得不偿失的事情。詹富认为自己是正常完成孟秀安排的任务。詹富没有非法占有他人财物的目的,没有诈骗犯罪的主观故意,不构成诈骗罪。

詹富没有诈骗犯罪的意思联络和实施行为。即使郭萍被电信诈骗,在詹富去兑换港元的时候,这种诈骗犯罪已经完成,与詹富无关,詹富可能只是无意中被一些人利用了,不构成犯罪。

辩护人认为,目前没有证据能够证明该诈骗犯罪事实是犯罪嫌疑人詹富实施的,詹富不构成诈骗罪,符合《人民检察院刑事诉讼规则》第 139 条规定的"对具有下列情形之一的犯罪嫌疑人,人民检察院应当作出不批准逮捕或者不予逮捕的决定:(一)不符合本规则规定的逮捕条件的;(二)具有刑事诉讼法第十六条规定的情形之一的",应当作出不批准逮捕的决定。

至于詹富是否可能涉嫌较轻的掩饰、隐瞒犯罪所得罪,也要慎重审查。掩饰、隐瞒犯罪所得罪要求行为人主观上明知该财物是或可能是犯罪所得、犯罪所得收益,进而加以掩饰、隐瞒。而本案中,詹富并不明知该财物系犯罪所得,不能轻易认定为掩饰、隐瞒犯罪所得罪。

第二,詹富不符合应当逮捕的条件,对其采取取保候审不致发生社会危险性。

根据《刑事诉讼法》第 81 条、《人民检察院刑事诉讼规则》第 128 条的规定,有 5 种情形应当予以逮捕,而詹富并不符合该 5 种情形。詹富保证不会实施新的犯罪;无危害国家安全、公共安全或者社会秩序的现实危险;保证不会毁灭、伪造证据,干扰证人作证或者串供;不可能对举报人、控告人实施打击报复;不可能自杀或者逃跑。詹富人身危险性较低,没有羁押的必要,对其采取取保候审不致发生社会危险性,其符合取保候审条件。

检察官一边翻阅我的法律意见书,一边听取我的观点。

我说,本案事实不清、证据不足,不宜认定为诈骗罪,建议不要带病批捕。

检察官说,会认真审查、慎重考虑。

检察院审查逮捕有 7 天时间,第 7 天,检察院决定不批准逮捕。当天,公安机关决定取保候审,詹富可以回家了。1 年后,詹富解除取保候审。

2022 年 11 月 30 日

“小赌怡情”

毕全(化名)涉嫌赌博罪,被公安机关刑事拘留。

家属从海南来到南京,委托我辩护。

我会见毕全后,认为不构成犯罪。

我撰写《取保候审申请书》,向公安机关递交,和办案民警当面沟通。

第一,毕全没有组织3人以上赌博,没有抽头渔利,不构成赌博罪。

据毕全陈述,2022年2月至3月,毕全受网友怂恿,在某赌博网站打牌,参与赌博。毕全没有组织他人赌博,没有抽头渔利,纯粹是一个参与赌博的人。毕全赌博期间,虽然涉及赌资流水数十万元,但输多赢少,某种程度上也是赌博的受害者。

根据《刑法》第303条第1款的规定,以营利为目的,聚众赌博或者以赌博为业的,处3年以下有期徒刑、拘役或者管制,并处罚金。

根据《最高人民法院、最高人民检察院关于办理赌博刑事案件具体应用法律若干问题的解释》第1条的规定,以营利为目的,有下列情形之一的,属于《刑法》第303条规定的“聚众赌博”:“(一)组织3人以上赌博,抽头渔利数额累计达到5000元以上的;(二)组织3人以上赌博,赌资数额累计达到5万元以上的;(三)组织3人以上赌博,参赌人数累计达到20人以上的;(四)组织中华人民共和国公民10人以上赴境外赌博,从中收取回扣、介绍费的。”

本案中,毕全在海南经营果园,有正当生意,显然并非“以赌博为业”。虽然毕全赌博的出发点是想赚点小钱,但不属于“聚众赌博”,不符合上述司法解释规定的四种情形。毕全参与赌博,但并没有组织 3 人以上赌博,更没有抽头渔利,不构成赌博罪。

第二,毕全参与赌博,可对其进行治安处罚。

毕全参与赌博,不构成赌博罪,但涉嫌违法,可对其进行治安处罚。

《治安管理处罚法》第 70 条规定,以营利为目的,为赌博提供条件的,或者参与赌博赌资较大的,处 5 日以下拘留或者 500 元以下罚款;情节严重的,处 10 日以上 15 日以下拘留,并处 500 元以上 3000 元以下罚款。

根据上述规定,公安机关可对毕全处 5 日以下拘留或者 500 元以下罚款,或者对其处 10 日以上 15 日以下拘留,并处 500 元以上 3000 元以下罚款。

第三,对毕全采取取保候审不致发生社会危险性。

毕全人身危险性较低,没有羁押的必要,对其采取取保候审不致发生社会危险性,其保证在传讯的时候及时到案,保证不会毁灭、伪造证据,不会干扰证人作证。

我和公安机关沟通后,毕全很快被取保候审,家人顺利带他回海南。

此后,本案由刑事案件转为治安案件,毕全被治安处罚。

2022 年 12 月 9 日

三十年后的劫

傍晚，李洋（化名）和朋友裴坤（化名）下班回家，见到一个陌生男人，浑身酒气，对着李洋母亲骂骂咧咧。

李洋上前劝阻，陌生男人转身不停辱骂李洋。李洋、裴坤年轻气盛，马上回击。双方由口角升级为肢体冲突。

陌生男人仰面倒地，被送往医院抢救，昏迷一个月才醒来。伤情鉴定为重伤二级。

这个陌生男人名叫萧夏民（化名），是李洋母亲的前夫，和李洋没有血缘关系，李洋从未见过。萧夏民和李洋母亲已经30年没有联系，不知为何突然到来，引发一起案件。

李洋和裴坤涉嫌故意伤害罪，被公安机关刑事拘留。

我和同事韩律师接受李洋母亲委托，为李洋辩护。

自动投案，争取认定自首

我和韩律师去看守所会见李洋，通过一问一答，挖掘辩护点。

我：你是怎么到案的？

李洋：周边人已经打“110”了。这时候，一个穿连衣裙的中年妇女就推我到旁边说，这事情让你妈处理。我说，我打了人，我不能走。然后“120”和“110”都来了。

我告诉李洋，案发后，明知他人报警，仍在现场等待警方前来处理，属于自动投案。投案后如实供述，系自首。因此，如何到案要记录在案,方便认定为自首。

我接着详细询问事情的前因后果和过程。

我:是谁先动手的?

李洋:对方那个男的先骂我,还朝我右胸打了一拳,然后我和裴坤也打他了。我打人是不对,但是当时我真的忍不了,对方骂得太难听了。

会见过后,我们跟着李洋母亲,去医院探望伤者萧夏民。

此后,我们和公安机关沟通,李洋系自首,愿意支付医疗费,赔偿被害人,被害人有重大过错,申请对李洋取保候审。但公安机关考虑被害人仍在昏迷,不同意取保候审。

伤情为重伤二级,申请重新鉴定

根据《刑法》第 234 条的规定,故意伤害他人身体的,处 3 年以下有期徒刑、拘役或者管制。犯前款罪,致人重伤的,处 3 年以上 10 年以下有期徒刑;致人死亡或者以特别残忍手段致人重伤造成严重残疾的,处 10 年以上有期徒刑、无期徒刑或者死刑。

我们重点关注伤情鉴定书,发现问题重重,遂提交《重新鉴定申请书》。

某市公安局物证鉴定所鉴定意见为,萧夏民身体所受损伤程度目前已达重伤二级。辩护人认为该伤情鉴定书程序违法违规,鉴定意见与事实不符,应当重新鉴定,理由如下:

1. 被害人在伤情尚未稳定的情况下鉴定为重伤二级,程序违规,结论或与事实不符。

根据最高人民法院、最高人民检察院、公安部、国家安全部、司法部《人体损伤程度鉴定标准》第4.2条之规定，以原发性损伤为主要鉴定依据的，伤后即可进行鉴定；以损伤所致的并发症为主要鉴定依据的，在伤情稳定后进行鉴定。以容貌损害或者组织器官功能障碍为主要鉴定依据的，在损伤90日后进行鉴定；在特殊情况下可以根据原发性损伤及其并发症出具鉴定意见，但须对有可能出现的后遗症加以说明，必要时应进行复检并予以补充鉴定。疑难、复杂的损伤，在临床治疗终结或者伤情稳定后进行鉴定。

根据《公安机关办理伤害案件规定》第19条第3款之规定，对影响组织、器官功能或者伤情复杂，一时难以进行鉴定的，待伤情稳定后及时提出鉴定意见，并出具鉴定文书。

医生诊断萧夏民为重型颅脑损伤、右额颞部硬膜下出血、右额颞叶脑挫裂伤、脑疝，属于疑难、复杂的损伤，应当在临床治疗终结或者伤情稳定后进行鉴定，或者在损伤90日后进行鉴定。某市公安局物证鉴定所在案发后9日，伤情尚未稳定的情况下，即出具鉴定书，违反相关规定，结论或与事实不符。

2. 被害人不再昏迷，已能自主行动，正在积极康复，应重新鉴定伤情。

3. 该鉴定书亦表示，因伤后时间短，需继续治疗、休养，待临床治疗终结后再行检验鉴定。

认定自首、从犯、被害人有过错

案件移送检察院，我们和检察官沟通，递交法律意见书，认为李洋系自首，系从犯，赔偿被害人，被害人有过错。办案检察官采纳了我们的意见。

1. 李洋系自首,且积极赔偿被害人

李洋在案发后,明知其母亲及多名现场目击者拨打“110”或“120”,仍在现场等待警方前来处理,属于自动投案。

归案后,李洋虽在第一次讯问时出于朋友义气,未交代裴坤参与打架事宜。但李洋很快认识到不仅要供述自身行为,还应当供述同案犯行为,在第二次讯问时主动交代裴坤参与打架,其仍属于如实供述。因此李洋系自首,可以从轻或减轻处罚。

李洋已反省自身行为,让家人积极筹措医疗费,赔偿被害人。其父母多方借款,已代为支付医疗费 14 万余元。

2. 李洋系从犯,依法应当从轻或减轻处罚

监控视频、行车记录仪和证人证言以及裴坤、李洋供述显示,李洋、裴坤和被害人萧夏民发生揪打行为,被害人倒地的关键一脚是裴坤踢的。李洋对萧夏民面部捣了几拳,身体踢了几脚。裴坤对萧夏民拳打脚踢,后裴坤一个鞭腿踢到萧夏民右侧腮帮子,致其仰面倒地、后脑着地。裴坤在共同犯罪中起主要作用,李洋起次要作用,李洋系从犯。

3. 李洋系主观恶性较小的初犯

据李洋陈述,其和被害人并无积怨,被害人的“无赖行为”,让他临时产生“打他几下”的想法。且李洋未使用工具击打被害人。李洋有轻伤害的故意,而无重伤害的故意,系主观恶性较小的初犯。

4. 被害人有重大过错,激化矛盾致发生故意伤害案

被害人已和李洋母亲离婚 30 年,却在醉酒后上门滋扰。李洋母亲劝其酒醒后再来,被害人仍执意不走,并开始叫骂。此后,

李洋至少5次将其推出门外,希望控制事态发展。但被害人仍反复进门,无端辱骂李洋及其母亲,并抓住李洋的双手,进行威胁。被害人还首先动手,拳打李洋右胸,李洋随后反击。因此,被害人有重大过错,激化矛盾致发生故意伤害案。

两次开庭,激辩伤情鉴定书

开庭前后,我们和被害人家属多次沟通刑事谅解书事宜,但被害人家属和李洋家人分歧较大,后被害人一方没有出具刑事谅解书。

开庭前,我们和检察官达成多项共识,但关于伤情鉴定书问题,一直没有解决。

开庭时,我重点提出,第一份伤情鉴定书程序违法违规,鉴定意见与事实不符,辩护人提出重新鉴定申请。后某市公安局物证鉴定所出具第二份伤情鉴定书,鉴定意见为重伤二级。重新作出的第二份伤情鉴定书仍然程序违规,与事实不符,不能作为定案根据,理由如下:

1.《公安机关办理刑事案件程序规定》第255条规定,重新鉴定,应当另行指派或者聘请鉴定人。本案中,第一份伤情鉴定书和第二份伤情鉴定书的鉴定人,均包括主检法医师刘某。显然,这与上述规定相悖。

2. 鉴定机构与鉴定人员是否有合法的资质证书存疑。鉴定书后面没有附上鉴定机构和鉴定人员的资质证书,无法确认资质证书是否齐备,无法确认资质证书是否由省级以上司法行政部门颁发,无法确认资质证书是否在有效期内、是否经过年检,无法确认鉴定事项是否属于鉴定机构及鉴定人员的准许鉴定范围内。

3. 被害人萧夏民伤情与李洋、裴坤行为的因果关系存疑。李洋在被害人萧夏民不断辱骂其本人及母亲的情况下,在被害人先动手的情况下,被激怒进而拳打被害人。李洋的朋友裴坤参与打架。被害人摔倒在地,坐起来吐痰。当晚,时隔5小时,被害人才陷入昏迷。李洋、裴坤行为与被害人萧夏民伤情的因果关系存疑。

当晚,被害人萧夏民被送往市中医院。市中医院拟在全麻下进行手术治疗,但被害人家属要求转到市第一人民医院治疗。市中医院医生汇报上级后,签字同意转院,并告知转院过程中被害人有心跳停止的可能。被害人因家属行为,可能耽误一段治疗时间,造成一定影响。

综上,辩护人认为被害人是否构成重伤二级存疑。

因为伤情鉴定书的问题,法院又进行第二次开庭,让鉴定人出庭。

最终,法院判决,李洋犯故意伤害罪,判处有期徒刑2年。李洋对结果能接受,比他预想的要好,没有提起上诉。

2022年12月16日

阳光下的罪恶

姚娟(化名)涉嫌组织、领导传销活动罪,一直被羁押在J市看守所。姚娟女儿是刚毕业的大学生,通过网络找到我,委托我辩护,希望能争取缓刑。

5个被告人中,姚娟排在第三位。有难度,但也要尽力而为。

安抚当事人,梳理辩护思路

我去看守所会见姚娟。姚娟情绪很糟,一直哭泣,还说,不要浪费钱请律师了,没用了,要怎么判就怎么判吧,要坐牢就坐牢吧。

我告诉她,女儿很关心她,不要丧失信心,我也会尽全力为她辩护。

聊着聊着,姚娟总算缓和过来,我和她继续沟通辩护思路。

姚娟是一个初中文化程度的东北妇女,被老乡忽悠来到J市的传销组织。经过一次次洗脑,家里没钱,就把家里的房子抵押贷款,交了69,800元,算是正式加入传销组织。

刚开始,姚娟真心相信自己运气好,碰到好项目,要赚钱了,没意识到被卷入骗局,成为被收割的"韭菜"。姚娟把自己的丈夫发展为下线,还把另外一个东北老乡也发展为下线。

后来,姚娟升为自律配合,协助自律总管工作,比如检查卫生、收取业务员的计划或总结书。

她加入的这个传销组织,叫××阳光工程,也叫××连锁经营业。他们宣称,3 年就可以赚 1040 万元。他们谎称项目由中央操盘,地方政府布局,是一个国家秘密政策,实际上没有资金投入生产,钱被一层一层分掉了。他们采取五级三晋制,五级就是业务员、组长、主任、经理、老总,三晋就是主任、经理、老总三个晋升阶段。他们依靠发展下线购买的份额进行计酬和返利。

我给姚娟解释,何为组织、领导传销活动罪。第一,传销行为包括拉人头、收取入门费、团队计酬等方式。第二,传销人员 30 人以上,并且层级在三级以上。第三,直接或者间接以发展人员的数量作为计酬或者返利依据,骗取财物,扰乱经济社会秩序。

根据《刑法》第 224 条之一的规定,犯组织、领导传销活动罪,判处 5 年以下有期徒刑或者拘役,并处罚金;情节严重的,处 5 年以上有期徒刑,并处罚金。

本案中,姚娟所在的经理室,还和其他经理室传销人员交叉洗脑,互相管理,共计达到 266 人,超过司法解释规定的 120 人的情形,整体属于情节严重。

开庭时刻,综合法理情辩护

开庭前,我给姚娟做辅导,告知注意事项,模拟庭审情形,以便于取得更好的庭审效果。

我在法庭上对姚娟层层发问,通过发问厘清事实,寻找有理有利的辩护方向:

你在里面担任什么职务?听从谁的指挥或命令?你的领导有哪些人?什么时候开始担任自律配合的?担任了多久?为什

么让你担任这个职位？你当时心里怎么想的？你的职责是做什么？有没有使用过暴力或威胁手段？你检查过几次？分别做什么？你以前有没有担任过其他职位？你发展了几个下线，分别是谁？和你是什么关系？你总共交了多少钱？返还给你多少钱？你对自己的行为以前是怎么认识的，现在有什么认识？

法庭辩论阶段，我从姚娟系从犯、犯罪时间短、情节较轻、社会危害性较小、系主观恶性较小的初犯等角度辩护。

1. 姚娟在自律总管的领导下从事辅助性工作，系从犯

姚娟系自律配合，接受自律总管姚某的领导，由姚某安排工作内容。

姚某的供述显示，姚某安排姚娟检查卫生、收取业务员的周计划，姚娟听从姚某的指挥。姚某的领导是大总管刘某。

刘某的供述也显示，姚娟是配合姚某的工作。

姚娟的供述显示，她作为自律配合，接受姚某指派去检查卫生。

因此，刘某指挥姚某，姚某指挥姚娟，给她安排工作内容。姚娟在共同犯罪中所起作用较小，起次要作用或者辅助作用，系从犯，依法应当从轻或减轻处罚。

2. 姚娟担任自律配合不到半年，犯罪时间短

姚娟担任自律配合不到半年，犯罪时间短，造成的社会危害性较小。姚娟担任自律配合的原因仅仅是原来的自律配合走了，无人接手，大总管刘某临时安排她接手。姚娟觉得自己年龄大，不想做，也不知道自律配合做什么，曾极力推辞过。此前，姚娟并未在传销组织担任过其他职务。本案的 5 名被告人中，姚娟担任职务的时间最短，所起作用最小。

3. 姚娟仅发展两个下线,犯罪情节轻微

姚娟仅发展了两个下线,其中一个是自己的配偶。姚娟的工作内容是检查卫生,包括房间的设施有没有损坏,还帮姚某计算房租,每个人交多少房租,业务员是否都交了房租。姚娟工作期间从未使用过暴力或胁迫手段。

虽然姚娟曾接受自律总管姚某的指派,跟随其他经理室的自律总管去检查卫生,但只是配合领导做检查。

也就是说,姚娟做一些事务性的、辅助性的工作,其并非核心人员,其犯罪情节轻微。

4. 姚娟如实供述,系坦白

姚娟归案后,如实供述全部的犯罪事实,系坦白。姚娟法律意识淡薄,目前已经反省自身行为,认罪、悔罪态度好。

5. 姚娟系主观恶性较小的初犯,没有再犯罪的危险

姚娟平时表现较好,无前科劣迹。其仅有初中文化水平,加入传销组织时,以为这是正规组织,可以合法赚钱。直至担任自律配合,仍未能及时察觉涉嫌犯罪。姚娟系主观恶性较小的初犯,没有再犯罪的危险,宣告缓刑对所居住社区没有重大不良影响。

我还提出,姚娟本人多年没有稳定的工作,丈夫系下岗工人,女儿刚大学毕业,家庭开支大,收入少。姚娟已经反省所作所为,考虑到其犯罪情节较轻,认罪、悔罪态度好,家庭经济困难,请法院对其宣告缓刑,并适当减少罚金。

最后陈述阶段,姚娟说着说着就痛哭流涕,一直说非常后悔。

开庭后,我继续和法官沟通。

最终,法院判决,姚娟犯组织、领导传销活动罪,判处有期徒

刑1年6个月,缓刑2年,罚金1万元。其余4名被告均获实刑2年到5年不等,罚金1万元至2万元。

我的当事人姚娟可以回家,可以和女儿团聚了,但像她这种从受害者到加害者的交叉洗脑传销群体,何止一两万人。

这段时间,我也在思考为什么传销犯罪频频发生。传销曾经在欧美国家大行其道,后来转移到我国及东南亚、非洲国家。一个基本规律是,在发展中国家或地区比较盛行。传销不外是抓住人们的暴富心理,让你产生快速致富的幻觉,让你陷入集体性的无意识。而暴富心理,是时代之病、社会之病。

2022年12月22日

链接 传销:一群人处心积虑对付你,你别傻兮兮掉进去

传销,太多人听过,太多人受害。《瞭望》周刊2012年曾报道称,全国有大小传销组织3000余个,参与传销者超过1200万人次。同时,见多了,太多人麻木了,就像矿难,不到"一定级别",难以激起反响。但传销究竟是怎么回事?

传销者不承认自己是在搞传销。早些年,我有个搞传销的"朋友"整天念叨着自己在干伟大事业,前景是多么美妙,5年轻松赚千万元。所谓赚千万元,显然是建立在沙砾之上的高楼幻象。

传销重在洗脑。隔绝信息,控制思想,两头并进。如果没有隔绝信息,思想的控制就容易被戳破。隔绝了信息,思想控制的

效果就更上一层。这期间,充斥的是层出不穷、漏洞百出的谎言,但就是有效。

谎言的“档次”,也是推陈出新的,亲情、友情轮番上场,自由、平等令人目眩神迷。

如果这些都搞不定你,暴力就粉墨登场了。你不愿意接受洗脑,传销人员可能就会实施体罚和殴打。打的打,踢的踢,捏的捏。打晕了,随即用冷水泼醒。极端者,被打到残废乃至身亡。

其实,传销不外是抓住人们的暴富心理,让你产生快速致富的幻觉,让你陷入集体性的无意识。而暴富心理,是时代之病、社会之病。

陷入传销的人,很容易变成两类人。一是学者所称的“类人孩”,于权利无知,心智蒙昧,把每一次传销课程内容,都当成真理、信仰;二是犬儒主义者,彻底虚无,趋利避害,甚至可能除了钱什么都不在乎,为了钱不择手段。

除了精准打击,依法严惩,还要在部门协作中发力。之于个人,无非是除了钱,别忘了常识,有个“先入为主”的观念——天上不会掉馅饼,世上没有免费的午餐,凡事一步一个脚印走出来。话是老套,道理不变。另外,有点独立的思考,有点怀疑的精神。一群人处心积虑地对付你一个人,你别傻兮兮掉进去了。

“结硬寨，打呆仗”

每一个涉黑涉恶案件的辩护，都是一场硬仗。这需要律师“结硬寨，打呆仗”，稳扎稳打，全力辩护。

吴达（化名）的案件移送华东Z县检察院审查起诉，已经半个月了。

2022年11月，吴达的父亲通过朋友介绍找到我，满面愁容反复说吴达被冤枉，5个罪名都有问题，希望我能为他辩护。

情况十万火急，吴达的父亲委托辩护当天，我和助理就驱车前往Z县检察院阅卷。

5个罪名漏洞百出

去Z县的路上，暴雨如注。到Z县后，极速降温，冷彻骨髓。我和助理到达Z县检察院后，复制所有卷宗材料。此时还在疫情期间，吴达关押在X市看守所，需要核酸检测结果为阴性才能会见，并且只能视频会见。于是，我们停留一天做核酸，第二天结果出来后，立即前往看守所会见。

吴达见到我们后，情绪激动，说自己只承认敲诈勒索罪的第一笔犯罪事实，其他的赌博罪、故意伤害罪、盗窃罪、寻衅滋事罪都不能成立。门外下雨，室内寒冷，我让他不要着急，仔细把事情说清楚。这一聊，就是一整天。

我和吴达核对5个罪名的事实，并告诉吴达，我们将全力辩护。

回到南京后,我和助理加班加点阅卷,确定无罪辩护的方案。针对 5 个罪名,逐一反驳。我们还申请调取讯问同步录音录像。

一个星期后,我们再度驱车前往 Z 县检察院,和承办检察官当面沟通,递交法律意见书。这是一个年轻的女检察官,认真听取了我们的意见,不时和我们探讨。这让我感觉有希望去掉部分罪名,尤其是赌博罪和寻衅滋事罪。

第一,关于吴达涉嫌敲诈勒索罪,存在争议。

1. 吴达等人敲诈勒索张薇(化名)等人 43,900 元的证据不足,缺少客观证据。

Z 县公安局《起诉意见书》显示,吴达等人诬陷被害人张薇等人使用魔术牌“出老千”,进行敲诈勒索,案值共计人民币 43,900 元。该认定与事实不符。

辩护人注意到,涉及敲诈勒索金额 43,900 元的证据大多为言词证据,没有取款记录、转账记录加以佐证,相关证据不足。即便吴达等人涉嫌敲诈勒索罪,也有必要厘清犯罪金额。

2. 张薇等被害人有过错。

被害人张薇(化名)、赵某等人通过“出老千”的方式,不正当赢取杨某、马某的财物,具有过错。吴达等人去面馆要钱事出有因。赵某等人企图套路杨某、马某等人,不料被反套路。

3. 吴达敲诈勒索梁某 24,900 元、王某某 39,200 元的证据不足,缺少梁某询问笔录和客观证据。

Z 县公安局《起诉意见书》显示,吴达在韩某办公室,采用殴打、恐吓、言语威胁的方式对被害人梁某、王某某实施敲诈勒索,敲诈被害人梁某 24,900 元、敲诈被害人王某某 39,200 元,案值共计 64,100 元。该认定与事实不符。

辩护人注意到,所谓的被害人梁某,就是"出老千"、打假牌的当事人,使用透视牌作弊赢取钱财,吴达为输 35,500 元的朋友出头,具有一定的合理性,事后也转 38,000 元给朋友。且梁某没有询问笔录,是否被诈勒索存疑,被敲诈勒索金额存疑。所谓的被害人王某某,也有可能是"出老千"、打假牌的当事人之一。涉及敲诈勒索的证据大多为言词证据,取款记录、转账记录不完整,相关证据不足。即便吴达等人涉嫌敲诈勒索罪,也有必要厘清犯罪金额。

第二,吴达不构成赌博罪,赌博行为系敲诈勒索罪的手段行为,被敲诈勒索罪吸收。

Z 县公安局《起诉意见书》显示,2022 年 1 月 24 日至 26 日,赵某伙同张薇与王某、吴达互相联系进行赌博,同时分别召集马某、杨某、侯某某、徐某某、郑某,先后三次进行赌博,由张薇进行抽头渔利。该认定与事实不符。

1. 张薇涉嫌赌博罪,与吴达无关。

张薇的面馆作为赌博场所,张薇召集人员赌博,并抽头渔利,涉嫌赌博罪。

2. 吴达安排杨某、马某赌博的目的是实施敲诈勒索,该赌博行为系敲诈勒索罪的手段行为,被敲诈勒索罪吸收。

卷宗材料显示,吴达与杨某、马某等人事前合谋,名为赌博,实为敲诈勒索。

3. 吴达没有在赌博中抽头渔利,不符合以营利为目的的构成要件。

4. 即使吴达参与赌博,不构成赌博罪,可进行治安处罚。

第三,吴达不构成盗窃罪,系民事纠纷,可通过民事诉讼解决。

Z县公安局《起诉意见书》显示,吴达向赵晓芳(化名)借款105,000元,以宝马轿车作为质押。后吴达窜至赵晓芳未婚夫周某家中,未经许可,采用翻墙攀爬栅栏的方式进入院内,使用拉插销的方式打开院门,使用备用钥匙,将停放在院内的宝马车偷开走,该车经核价21万元。该认定与事实不符,且证据不足。

1. 吴达和赵晓芳系高中同学,存在债权债务关系。

卷宗材料显示,吴达向赵晓芳借款105,000元,提前扣除利息5000元,实际到手10万元,借款金额为10万元。

2. 车辆登记在吴达母亲名下,赵晓芳和吴达无权签署质押协议,也无权办理质押手续。

卷宗材料显示,该宝马车的大部分钱款由吴达父母支付,且登记在吴达母亲周某某名下。显然,未经吴达母亲授权,赵晓芳和吴达无权签署质押协议,也无权办理质押手续。即使通过民事诉讼,法院也不会支持该质押协议。

3. 赵晓芳报案称吴达撬锁入户盗窃宝马车,该行为没有客观证据佐证。吴达的有罪供述系刑讯逼供所得,应当排除。

赵晓芳和未婚夫周某的陈述显示,吴达系撬锁入户盗窃宝马车,但是,本案并没有监控视频等证据予以佐证。至于以翻墙攀爬栅栏的方式进入院内,使用拉插销的方式打开院门,也没有监控视频等证据予以佐证。

而吴达的有罪供述系刑讯逼供所得,应当予以排除。吴达后来的供述显示,其到达周某家门口,车就停在门外,他没有撬锁,也没有通过翻墙方式进入院内。

4. 吴达有可能经过赵晓芳或周某同意,开走宝马车。

卷宗材料显示,吴达曾经提出归还欠款、开走宝马车,赵晓芳、周某在这种情况下,有可能同意吴达开走宝马车,周某还把家庭地址告知吴达,赵晓芳、周某可能后来反悔。

5. 吴达不具有非法占有目的,不具有盗窃故意。

6. 吴达和赵晓芳重新达成 11 万元的借款协议,吴达还款 1 万元,并以价值 3 万元的浪琴手表作为抵押。

案发后,经过派出所调解,吴达和赵晓芳重新达成 11 万元的借款协议。吴达当即还款 1 万元,并以价值 3 万元的浪琴手表作为抵押,显示出其没有盗窃的犯罪故意,也显示出赵晓芳认可吴达不属于盗窃犯罪,而是可协商的民事纠纷。

7. 赵晓芳起诉到法院,通过民事诉讼解决借款纠纷。

赵晓芳因为吴达没有归还后续款项,就起诉到法院。事实上,法院也判决吴达归还款项,赵晓芳通过民事诉讼可以解决问题。

8. 刑法具有谦抑性,通过民事手段能解决的事情,不要轻易上升到刑事手段打击。从民众的朴素认知来看,也不构成盗窃罪。

9. 宝马车为二手车,以 25 万元购入,一年后是否价值 21 万元存疑,价格认定书不科学、不合理,鉴定方式存疑。

10. 抵押协议金额为 85,000 元,赵晓芳的损失在此范围内,认定盗窃金额为 21 万元显然不合理。

第四,吴达不构成故意伤害罪。

Z 县公安局《起诉意见书》显示,赵晓芳坐在宝马车驾驶室要求吴达还钱,不让吴达开车离开。吴达遂怀恨在心,采用拖拽、撕扯的方式强行拉扯、殴打赵晓芳,造成赵晓芳左手第四掌骨受伤,经鉴定为轻伤二级。该认定与事实不符。

1. 吴达的行为宜认定为过失致人轻伤,不构成犯罪。

卷宗材料显示,赵晓芳在与吴达抢夺车辆的过程中受伤。吴达并没有伤害赵晓芳的主观故意,吴达只想拿回自己的手机和车钥匙,其造成赵晓芳的手骨折并鉴定为轻伤二级的结果,属于过失心态,应认定为过失致人轻伤。《刑法》只处罚故意伤害和过失致人重伤,不处罚过失致人轻伤,吴达的行为不构成犯罪。

2. 吴达的有罪供述系刑讯逼供所得,应当排除。

3. 本案系民间纠纷引发,且系轻伤害行为,双方在派出所调解下达成刑事和解,对吴达可以不追究刑事责任。

本案具有特殊性,系民间借贷纠纷引发。事发后,经派出所主持调解,吴达向赵晓芳赔偿 4.5 万元,赵晓芳也出具了刑事谅解书,表示不再追究吴达的法律责任。本身就是轻伤害行为,双方在派出所主持下达成刑事和解,对吴达可以不追究刑事责任。

4. 本案此前已经过派出所妥善处理,根据一事不再理、一事不再罚的原则,不应重新启动刑事追诉。

5. 因为一个简单的民间借贷纠纷,追究吴达盗窃罪、故意伤害罪之责任,显然罪责刑不相适应。

第五,吴达不构成寻衅滋事罪。

Z 县公安局《起诉意见书》显示,吴达伙同贾某某、许某窜至 T 县一安置房内,持械随意殴打被害人赵勋(化名)、赵章(化名),致被害人赵勋、赵章受伤。该认定与事实不符。

1. 吴达与赵勋等人发生冲突的起因是,赵勋一房两卖,导致吴达岳父赵杨(化名)受损失,事出有因,吴达等人具有维权基础。

开发商赵勋将房子冲抵工程款，卖给吴达岳父赵杨。此后，赵勋一房两卖，擅自将房子又卖给他人，他人进行装修。

吴达之所以争吵、打架，是因为开发商擅自将岳父购买的有购房合同的商品房交付给他人装修，事出有因，而不是吴达无事生非、寻求刺激，吴达等人具有维权基础。

2. 是谁先动手打人存疑，缺少录音录像或照片佐证。

吴达一方供述赵勋先动手打人，赵勋等人则称吴达先动手打人，双方各执一词，证人万某没看到谁先动手，同时缺少录音录像或照片佐证，事实存疑。吴达等人也有可能是在开发商赵勋先挑衅并动手打人之后，才被迫防卫。

3. 吴达是否持械打人存疑，缺少实物、录音录像或照片佐证。

4. 赵勋、赵章等人之间有利害冲突，其陈述真实性存疑。

证人万某证言显示，赵勋在当地名声不好。赵勋、赵章的陈述前后大相径庭，刻意突出有利于自己的方面，隐瞒不利于自己的方面，隐瞒自己不诚信的商业行为，隐瞒自己动手打人的事实，把一切责任都推到吴达等人身上，其陈述真实性存疑。

5. 吴达表弟许某被打成视网膜脱落、黄体酮破裂，而所谓的被害人赵勋、赵章受伤严重并无证据显示。

吴达的表弟许某遭受赵勋、赵章的殴打，一只眼睛受伤严重，经 T 市人民医院诊断为，视网膜脱落、黄体酮破裂。许某视力基本为零。而所谓的被害人赵勋、赵章受伤严重并无证据显示，如有，也仅仅是轻微擦伤，赵勋、赵章甚至直接对公安机关说，没必要对自己进行伤情鉴定。

6. 吴达表弟许某被打成视网膜脱落、黄体酮破裂，许某一直要求伤情鉴定，却至今未进行伤情鉴定，背后原因存疑。

7. T 县公安有管辖权,并且已经进行处理,Z 县公安再次进行处理,显然于法无据。

8. 本案即使涉嫌寻衅滋事,对双方均应进行治安处罚,没有达到需要刑事打击的程度。

查阅同步录音录像

谈过 5 个罪名后,我们希望能查阅同步录音录像。经过多次沟通,检察官同意了。

鉴于录音录像不够完整,有所缺失,我申请继续调阅。检察官也同意了,说会找公安机关沟通。

过了一段时间,检察官说调取了新的录音录像,于是我们再去查阅。

随后,我们申请排除非法证据。

坚决辩护不构成恶势力

和检察官沟通过程中,我们得知公安机关同日出具了一份新的《起诉意见书》,增加了一项涉恶内容:以吴达为首的恶势力犯罪集团,吴达是组织、领导者,8 人为积极参加者,2 人为一般参与者。

这让我心头一紧,感觉形势严峻。我当即提出反对意见,认为不构成恶势力犯罪集团。

几天后,我再度提交新的《法律意见书》,希望能够阻击人为拔高认定恶势力犯罪集团:

1. 吴达和各犯罪嫌疑人不存在固定组织，不存在人身依附关系，而是松散联系，基本都是赌友，吴达甚至不认识所谓的恶势力犯罪集团积极参加者李某某、曹某某。

2. 吴达实施敲诈勒索行为，是单纯为了牟取不法经济利益，是偶发性犯罪，不具有为非作恶、欺压百姓的恶势力犯罪集团特征。

3. 吴达事出有因而侵害特定人员，没有扰乱社会秩序，没有造成较为恶劣的社会影响。

4. 吴达曾经见义勇为，救下孩子，不是恶势力犯罪集团组织、领导者。

两次退回补充侦查

此后，案件经过两次退回补充侦查。

自从实施检察院精准量刑和认罪认罚从宽制度后，“决战在法庭”某种程度上演变成“决战在检察院”，我们抓住每次机会，反复和检察官沟通。

我们坚持认为吴达不构成赌博罪、寻衅滋事罪、盗窃罪。尤其是盗窃罪，一旦认定，就可能判处10年以上有期徒刑。

我们认为吴达不构成故意伤害罪。所谓的故意伤害案具有特殊性，系民间借贷纠纷引发。伤情是否由吴达引发存疑。轻伤二级的被害人也出具了刑事谅解书，可以不起诉。

我们坚持认为敲诈勒索金额没有达到10万余元，仅有3.7万元。其中，为查明吴达在某某城敲诈勒索情况，要询问证人毕某、王某，与被害人梁某核实被敲诈情况，调取梁某交易记录。但是,公安机关多次联系毕某、王某、梁某,上述三人均无法联系上。辩护人认为,连证人毕某、王某和被害人梁某都无法联系上,根据存疑时有利于被告人原则,显然不能轻易地认定吴达敲诈勒索梁某的金额。何况,所谓的被害人梁某,就是"出老千"、打假牌的当事人,使用透视牌作弊赢取钱财,具有重大过错。

多番交锋后,检察官认可我们的部分观点,初步同意去掉恶势力帽子,5 个罪名去掉 2 个,赌博罪和寻衅滋事罪。

我们继续沟通,终于在关键时刻,检察官也初步同意去掉可能判刑 10 年以上的盗窃罪。

接下来,检察官要向上级汇报、请示,这是难熬的等待。

好在,有惊无险,上级同意去掉恶势力帽子,5 个罪名去掉 3 个罪名。

量刑商量不容易

剩下敲诈勒索罪和故意伤害罪,我们和检察官协商量刑。

我提出,考虑到轻伤二级、赔偿到位、刑事谅解,如果故意伤害罪一定要起诉,能否建议拘役 6 个月以内。这样的话,虽然数罪并罚,但在敲诈勒索罪基础上不会加重处罚。

检察官说,认罪认罚可能建议有期徒刑 6 个月,不太好建议拘役。

我说,考虑到被害人有过错,被告人立功、坦白、认罪认罚,愿意全额退赃,能否对敲诈勒索罪降档处理,不要建议 3 年以上,而是 1 年 6 个月左右。

检察官说,全额退赃 10 万余元,可以考虑 3 年,不退的话可能4年左右。

多轮协商后，我们希望2年以下，检察官坚持3年以上，双方分歧仍然较大。

吴达没有签署认罪认罚具结书，检察院将案件起诉到法院。检察院建议故意伤害罪判处有期徒刑6个月，建议敲诈勒索罪判处3年9个月，合并执行4年。

我们认为建议量刑过重，把希望寄托于法院。

山穷水尽柳暗花明

我去法院递交辩护手续，得知由副院长主办，于是立刻去了副院长办公室。

副院长态度和气，愿意和律师交流。

我提交《排除非法证据申请书》和《证人出庭作证申请书》，申请证人韩某、毕某、王某和被害人梁某、王某某出庭作证，申请被害人赵晓芳出庭。

我和副院长商量说，故意伤害罪如果吴达认罪认罚，能否改为判处拘役6个月。这一点副院长认为是可以考虑的。我内心高兴，没有白来。

至于敲诈勒索罪，我认为认定的金额存在严重问题。公安机关没有对部分被害人和证人做询问笔录，不能推定敲诈勒索金额。

副院长说，没有部分被害人、证人的笔录，能否认定敲诈勒索金额，这一块可以探讨。我理解你想把敲诈勒索金额降到6万元以下，这样可以判处3年以下。但从目前来看，即便扣掉这部分金额,还是超过 6 万元。

我说,按照我们的算法,敲诈勒索金额是 3.7 万元,应当判处 3 年以下。即便按照 10 万余元认定,有全额退赃、立功,也可以降档处理,判处 3 年以下。检察院之前说可以 3 年,我们觉得还是偏重,希望法院能够考虑 2 年以下。

副院长说,检察院说的 3 年,还可以啊。

我说,立功加全额退赃的话,降档处理在法律上是没有障碍的。

副院长说,你这边可以和检察院再沟通沟通。

没想到和副院长谈了一上午,通过这次沟通,我感觉有回旋余地。

但是,我和检察官沟通时,检察官仍然坚持 3 年。

量刑协商陷入僵局。一方面,我做好准备,要在法庭上全力辩护,首先申请召开庭前会议。另一方面,我继续和副院长沟通,看看能否从法院突破。

副院长同意先召开庭前会议。通过一上午的庭前会议,我们初步达成共识,吴达第 10 次至第 25 次讯问笔录,检察院不作为证据出示。通知证人韩某、毕某、王某和被害人梁某、王某某出庭作证,通知被害人赵晓芳出庭。副院长说,会打电话通知这些人,这些人能来的话,让他们尽量来。

过了几天,我再度和副院长沟通,协商认罪认罚量刑问题。

副院长问,判 2 年可能偏轻,如果你是客观的第三人,你觉得判多少年比较合适?

这时候,我的大脑飞速运转,随即说,判 3 年的话太重,2 年的话你们感觉有点难度,如果我是第三人,我可能会考虑 2 年 3

个月。

副院长说，我们往中间靠拢，2 年 6 个月怎么样？

我说，当事人预期 2 年以下，2 年 6 个月可能比较难接受，能不能尽量考虑 2 年 3 个月？

副院长说，我们先按照 2 年 6 个月，后面如果有再降的空间，我们再谈。

柳暗花明，艰难的谈判终于出现曙光。我打算稳固 2 年 6 个月的基础，继续推进 2 年 3 个月的空间。

开庭前两天，副院长终于同意考虑 2 年 3 个月至 2 年 6 个月。

趁热打铁，再接再厉，继续沟通，初步确定认罪认罚判 2 年 3 个月。

开庭前，我去会见吴达，吴达对这个结果能接受。

在法庭上，我说，关于敲诈勒索罪，被害人有过错，吴达全额退赃，等同于消除严重后果，可以减轻处罚。关于故意伤害罪，情节轻微，取得谅解，可以免予刑事处罚或拘役。吴达检举揭发王某、陆某某等人犯罪，有立功情节，可以减轻处罚。

我在法庭上还提到，吴达曾经见义勇为，也可以认定为立功。2022 年，吴达踊跃报名成为社区防疫志愿者，承担相关工作。吴达在一次结束防疫志愿者工作返回家中时，发现家门口的东边发生一起车祸：一辆封闭式三轮车将小女孩及其母亲压在下面，小女孩不断发出惨叫。吴达快速上前将车抬起，救出小女孩及其母亲，属于见义勇为，也可以认定为立功。此事有媒体报道、照片等为证。

检察官当庭变更量刑建议，从 4 年变更为 2 年 3 个月。

开庭后,吴达的父亲、姐姐握住我的手,再三感谢。

2023 年 5 月,Z 县法院判决,吴达犯敲诈勒索罪,判处有期徒刑 2 年 3 个月,并处罚金人民币 4 万元;犯故意伤害罪,判处拘役 6 个月,决定执行有期徒刑 2 年 3 个月,并处罚金人民币 4 万元。其余被告人大部分宣告缓刑。

至此,一个困难重重的涉恶案件,最终严把法律、事实和证据关口,以妥善处理告终。

2023 年 8 月 16 日

一次惊心动魄的庭审

2022年4月，同行王律师找到我，说有个刑事案件已经开过一次庭，目前陷入僵局，问我是否有兴趣。

检方指控，2020年8月至12月，被告人卢某、冯某多次使用毒药毒狗的方式，盗窃他人饲养的狗，并将上述毒死的部分狗，销售给经营牛羊狗肉批发的被告人郑文某（化名）、颜静（化名）夫妇。卢某、冯某、郑文某、颜静涉嫌销售有毒、有害食品罪。

王律师说，郑文某癌症晚期，颜静也患多种疾病，希望能够争取缓刑。但卡在“情节严重”，量刑起点就是5年，而缓刑必须是3年以下。

我看过材料后，认为往去掉情节严重和认定从犯、犯罪未遂等方向努力，仍然有缓刑空间。很快，颜静委托我辩护。

去掉“情节严重”

我前往华东M县法院，和承办法官沟通。我一方面提出案件事实和证据的问题，认为不属于情节严重；另一方面提出郑文某和颜静的疾病问题，希望司法多点温度。

关于毒物鉴定，我提出，缺少鉴定委托书，缺少鉴定人及鉴定机构资质证书，两份鉴定意见所盖印章不同，检材的取样方式以及编号对应情况不明。

关于价格鉴定，我提出，检材存在重大问题；鉴定委托书日期存在涂改痕迹;《价格认定结论书》出具时间超过委托时间。

法官是个中年人,对我的意见比较尊重。

最终,检察院变更起诉,起诉书上"情节严重"这几个字删掉了,意味着郑文某、颜静量刑从 5 年以上,变为 5 年以下,争取缓刑有空间。

关于是否认罪认罚,我和法官多次沟通,希望再次开庭前能够达成共识。

法官说,颜静在公安侦查阶段如实供述,到法院阶段翻供,没有认罪,不太好适用缓刑。

我说,颜静担心一旦认罪,还是判实刑,我们也能理解,我会和她多谈谈。

此后,我多次和颜静交流,逐步打消她的顾虑。

我和法官继续沟通,案件往好的方向推进。

逮捕后申请取保候审

这时候,又面临一个现实问题,法院在我介入辩护之前,已经决定逮捕颜静,而此前处于取保候审状态的颜静,一直要照顾癌症晚期的丈夫郑文某。

我和法官商量,能否考虑颜静家庭特殊情况,不执行逮捕。

法官说,已经签发逮捕决定书,没办法不执行。

我说,能否逮捕后,尽快取保候审。

法官说,这点要看颜静的态度和表现。

颜静和家人不想进看守所。

这就陷入一个死循环,不配合进看守所,就不太方便执行逮捕，也就无法申请取保候审，更无法往缓刑方向推进。

我深知，颜静和家人身处应激状态，很难相信其他人。

设身处地，将心比心，我和颜静一家人反复沟通。

颜静的家里人说了一句话，相信蓝律师。

最终，颜静选择相信我。我感到责任重大。

疫情期间，颜静配合体检，配合进看守所。

颜静被逮捕后，我和法官打电话，反映紧急情况，申请取保候审。

我和法官说，医院出具诊断证明书，认为颜静的丈夫郑文某目前处于癌症疾病终末期，随时有死亡可能。颜静有糖尿病、脑梗、高血压、抑郁症。颜静系从犯，系犯罪未遂。

我提出，能否尽快给颜静办理取保候审，让她有最后的机会，陪伴癌症终末期的丈夫。

法官很重视，问我是否有病例等资料。

我当即说，有，我马上开车送过来，顺便也提交取保候审申请书。

到法院的时候，天色已晚，已经过了下班时间，法官电话打不通。我就在法院门口等，好在过了不久，法官刚好要回家，碰到了。

我安慰颜静家里人，少安毋躁。

第二天，颜静顺利取保候审。

应对庭审突发情况

取保候审 4 天后，2022 年 12 月，再次开庭。

开庭前一天，我已经和法官沟通过，也和颜静模拟过开庭。

不出意外的话,开庭会很顺利。我们在法院开庭,颜静的丈夫郑文某在医院远程开庭。

在法庭上,我问颜静,你在公安机关的供述是否真实?颜静说,真实自愿。

问:你收购了几次狗?答,3次。

问:你在其中起什么作用?答,之前是我老公干的,他住院了,他联系好了我帮忙干一下,之前都是老公在做这个事情,老公用我的手机联系他们,我老公住院后,我帮忙做这个事情。这个事情肯定是不对的。

等我问完,法官问了颜静一句:你知不知道狗肉有毒?

颜静愣了一下,回答说,不知道。

法官脸色一变,大喊一声:你到底知不知道狗肉有毒?

颜静脸色涨红,嗫嚅着说:不知道。

法官说:行,我给过你机会了,就这样吧。

我知道,情况极度不妙,缓刑的机会可能要丧失了。

颜静在法庭上哭了。

面对突发的庭审情况,我的大脑高速运转,苦思怎么解决,随即想到,先在法庭正常发表辩护意见,庭后再和法官沟通,缓和形势。

在法庭辩论阶段,我重点说了几点:

第一,《起诉书》指控的第2起、第3起犯罪事实与颜静无关。

关于《起诉书》指控的第2起犯罪事实,盗走被害人许某的罗威纳犬1只和苏格兰牧羊犬1只,第3起犯罪事实,盗走被害人朱某的金毛犬1只,这些是否销售给郑文某和颜静存疑。两起犯罪事实中的被害人许某和朱某,均未对在郑文某、颜静店铺中扣押的 27 条死狗进行辨认,认定销售给郑文某和颜静的证据不足。

第二,颜静起到次要作用,系从犯,应当从轻或减轻处罚。

郑文某经营这家店,郑文某和卢某、冯某联系,具体收狗事宜均由郑文某负责。颜静是在郑文某忙不过来的时候,帮忙收狗,起到次要作用。卢某和冯某也表示不和颜静联系,不认识颜静。

第三,颜静系犯罪未遂,可以从轻或减轻处罚。

目前,没有证据证明颜静等人收购的狗肉已经销售出去,不能证明有毒的狗肉已经流入市场。颜静通过卢某、冯某购进的死狗置于仓库内,应当认定其已着手实施销售有毒、有害食品行为,但由于公安机关的及时查扣,相关狗肉尚未于店内出售,致使颜静销售有毒、有害食品的行为因其意志以外的原因未得逞。

第四,颜静系主观恶性较小的初犯。

颜静等人收购狗,是为了支付家庭成员的巨额医药费,是为了偿还家庭债务。

第五,颜静家庭情况特殊,颜静丈夫郑文某处于癌症终末期,随时有死亡可能,颜静患脑梗、高血压、糖尿病、抑郁症等。

第六,颜静没有再犯罪的危险,宣告缓刑对所居住社区没有重大不良影响。

颜静所在的居民委员会出具情况说明,证明颜静平时表现较好。居委会愿意对其进行有针对性的管理、教育和改造的工作,使其顺利回归社会。宣告缓刑对所居住社区没有重大不良影响。

开完庭后,法官正要离开,我立即上前沟通。

这时候,颜静扑通跪下,朝着审判桌磕碰,情绪激动地说,法官大人,我认罪认罚,求求你,给我判缓刑,让我送我老公最后一程。

法官沉默,转身要走。

我当即让颜静的女儿把颜静带出去,由我和法官沟通。

我恳切地说,法官,我让颜静写个情况说明,把是否明知狗肉有毒这一点写清楚,这边能不能再考虑缓刑的事情。

法官说,我给过她机会了,就这样吧。

我说,再给她一次缓刑机会吧,毕竟她老公到癌症晚期了。我来给他们做工作。

法官说,好吧,蓝律师,让她写一个情况说明。

我说,颜静这边写好了之后,我再给您打电话。

我走出法庭,看到颜静和女儿哭泣着。我告诉颜静,已经和法官商量了,这边写一个情况说明就好了。

颜静右手拿起笔,不停颤抖,没法写字。

我让颜静先冷静一会儿,随后慢慢写。随后,我把情况说明交给法院。

第二天,法院宣判,被告人颜静犯销售有毒、有害食品罪,判处有期徒刑1年10个月,缓刑2年,并处罚金人民币1万元。被告人郑文某犯销售有毒、有害食品罪,判处有期徒刑2年,缓刑2年,并处罚金人民币1万元。此外,被告人卢某、冯某分别被判处有期徒刑3年6个月,并处罚金人民币18,000元。

一次惊心动魄的庭审,以有惊无险的方式化解。颜静宣告缓刑,能陪伴癌症终末期的丈夫走好余生。这就是刑事辩护的意义所在。

2023年8月31日

一份特殊的情况说明

开庭难，改判难，这是刑事案件二审的痛点。

迎难而上，力争破局，这就是刑辩律师。

夏国深（化名）涉嫌污染环境罪，被华东 K 县法院判处实刑。2023 年 1 月，夏国深家属找到我，希望上诉后能够争取缓刑。当天，家属委托我辩护。

一审认定排放污水、污泥

一审法院认定，2017 年 1 月、2018 年 7 月，某公司与被告人夏国深先后签订备忘录、承包租赁协议，将公司厂房及设备承包租赁给夏国深使用，将公司原承包人设备转让给夏国深，由夏国深利用某公司的排污许可等环保资质，对外进行印染生产经营。

其间，作为重点排污单位某公司的实际经营人夏国深，自 2021 年以来，多次指使污水操作工被告人蒋顺朝（化名）和齐某，采用不经规范排污口的旁路排放方式排放污水，逃避自动监测设施监控，并授意被告人蒋顺朝，通过暗管排放含有重金属的污泥。

2021 年 7 月 9 日凌晨，蒋顺朝在夏国深指使下，采用旁路排放的方式，逃避自动监测设施监控，不经规范的排污口排放化学需氧量超标的污水约 100 吨，并使用暗管排放含有锑等重金属的污泥近 50 吨，被环保部门查获。

一审法院判决，某公司犯污染环境罪，判处罚金人民币 15 万元;被告人夏国深犯污染环境罪,判处有期徒刑1年3个月,并处罚金人民币5万元;被告人蒋顺朝犯污染环境罪,判处有期徒刑10个月,缓刑1年,并处罚金人民币8000元。

围绕事实和证据撬动案件

我和助理研究案件材料后,围绕事实和证据,努力撬动案件,向华东M市中级人民法院递交开庭审理申请书,争取二审开庭。

我们认为,一审判决书认定夏国深多次指示蒋顺朝、齐某逃避检测非法排放污水、污泥,与事实有所出入。

我们认为,2021年7月9日的排水属于紧急避险。案发当天下暴雨,蒋顺朝启用紧急阀,是为了避免大雨造成污水溢出污水处理池,流入相隔不到10米的运河中,造成运河污染。事发突然,为了避免更大的污染,蒋顺朝不得已采取这种措施。

生态环境局的现场勘验图和附件显示,两个污泥池的排污管道压滤机接口处的整个管道均为硬管连接,没有其他废水进入该管道中。

我们还对检测报告的真实性和合法性质疑。

一份特殊的情况说明

我们和华东M市中级人民法院承办法官多次电话沟通,他的态度很明确,暂时不考虑缓刑。

二审案件当面沟通很重要。我们多次预约法官,法官终于出差回来,我在法院等待,当面交流。

我说,案件有争议,我们的法律意见书写得比较充分了,能否考虑开庭。

法官认为,一审判决的基本事实是成立的。

我说,夏国深情节较轻,是主观恶性较小的初犯,愿意缴纳罚金,能否再考虑改判缓刑。

我和法官说,夏国深目前在一家针织公司担任负责人,这是总投资15亿元的重点项目。中央提出“六稳”“六保”,夏国深担任负责人的这家企业,有助于稳就业、稳投资、保居民就业。如果夏国深被判处实刑,将会严重影响项目进展和税收。

此前,我们已经让某针织公司出具情况说明,这会儿递交给法官。

情况说明显示,某针织有限公司总投资15亿元,用地面积近300亩。目前已完成一号、二号厂房建设,设备已安装到位,污水处理设施及电力配套工程主体办公大楼已完工,公司已具备生产条件。三号、四号厂房正在建设中。公司于2022年年底试生产,年后正式投产,可形成年产80,000吨染整品的生产规模,达产达标后可实现年主营业务收入10亿元,利税1亿元。公司聘请夏国深担任总经理,全面负责项目生产和项目建设。如果夏国深被判实刑,将严重影响公司的项目建设和项目生产,对公司的打击将是致命的,对本地经济运行也将造成负面影响。请求对其适用缓刑,公司愿在今后的生产和生活中对其进行监督,使其遵纪守法。

法官说,从心里来讲,不太想改判缓刑。何况找夏国深谈话的时候,他一直辩解,没有认罪,不好改判缓刑。

我回应,夏国深和我说过,愿意配合。你们能否找他再做一次笔录。

法官沉默了一会儿,我马上接着说,夏国深还愿意主动缴纳生态修复费用。

法官这时说,好吧,可以再做一次笔录,后续看他的态度。

沟通过后,我知道缓刑有望,随即打电话给夏国深,商量后续行动。

中级人民法院改判缓刑

此后,夏国深缴纳生态修复费用15万元,缴纳罚金5万元。我重新提交法律意见书,争取当事人利益最大化。

2023年5月,M市中级人民法院做出判决,关于上诉人夏国深的上诉理由及其辩护人的辩护意见,经查,本院二审期间,上诉人主动承认犯罪事实,自愿缴纳额外生态修复费用,认罪悔罪态度明显,考虑到本案污染环境后果及上诉人个人情形,可对其适用缓刑,该上诉理由及其辩护意见成立,本院予以采纳。原审判决认定事实清楚,证据确实、充分,定罪准确,审判程序合法。鉴于二审出现新情况,可对上诉人夏国深适用缓刑。

M市中级人民法院改判,夏国深犯污染环境罪,判处有期徒刑1年3个月,缓刑1年3个月,并处罚金人民币5万元。

2023年9月11日

第一被告人

这几年,非法吸收公众存款罪成了一个高发罪名。

最近,我为非法吸收公众存款案第一被告人何忠(化名)辩护,经过努力辩护,终于宣告缓刑。

第一被告人是从犯

2022 年 5 月,案件移送华东 L 县检察院审查起诉。我去检察院阅卷,发现光盘里只有卷宗材料,没有电子数据。我马上和检察官联系,让他们提供电子数据。

虽然起诉意见书把何忠列在第一位,我们仍然努力和检察官沟通,希望认定为从犯。

我们认为,从整体上看,本案系由张某、冯某成立总公司,向社会不特定公众非法吸收资金引发。在共同犯罪中,张某、冯某是主犯,何忠是分公司负责人之一,属于从犯。

从 2015 年至案发,张某、冯某先后注册成立多家公司,通过招聘业务员发放宣传单、以老客户带新客户等方式,以投资“××财富”“××康乐”等项目为由,以支付高额利息为诱饵,承诺到期还本付息,向社会不特定公众非法吸收资金。

经审计,张某、冯某通过上述方式共计向 280 名集资参与人非法吸收资金共计人民币 4291 万余元,造成实际损失共计 4046 万余元。目前,张某、冯某已经被 J 县法院判处实刑。

我们认为，何忠作为冯某派到分公司工作的人员，在共同犯罪中仅起到次要作用、辅助作用，作用远小于已被另案处理的张某和冯某。因此，张某、冯某为主犯，何忠为从犯。对于何忠，应当从轻或减轻处罚。

我们还向检察官提供类案判决，以供参考。

(2019)皖0503刑初359号刑事判决书中载明，经审理查明：善林(上海)金融信息服务有限公司于2013年12月14日在上海注册成立，公司法定代表人周伯云(另案处理)实际控制“善林系”企业，并陆续在全国29个省市开设千余家分支机构，采用虚设债权、虚构借款人信息、虚假宣传等方式，承诺4.5%至18%的年化收益，通过债权转让等名义，向社会公众非法募集资金。2016年6月，被告人滕某某被任命为马鞍山地区两家分公司的负责人，全权负责分公司的产品销售及行政管理等事务。滕某某担任分公司负责人期间，向社会不特定公众吸收资金共计人民币2520万元，未兑付本金699万元。张某某担任分公司大团队经理期间，向社会不特定公众吸收资金共计人民币1263万元，未兑付本金699万元。法院认为：滕某某、张某某构成非法吸收公众存款罪。各被告人系共同犯罪，各被告人在共同犯罪中均起次要作用，系从犯，应当减轻处罚。最终，被告人腾某某犯非法吸收公众存款罪，判处有期徒刑2年，宣告缓刑2年，并处罚金人民币4万元；被告人张某某犯非法吸收公众存款罪，判处有期徒刑1年6个月，宣告缓刑1年6个月，并处罚金人民币2万元。

主动收集有利的证据材料

刑事案件既要立足于卷宗材料分析，在适当情况下，也可以主动收集有利的证据材料。我们收集到何忠的社保记录，证明公司为何忠缴纳社保截至2017年7月，2017年7月底何忠已经离开公司。我们收集到何忠的银行流水记录，证明何忠在职期间的工资和提成即违法所得仅有44,502元。

我们认为，从部分证据来看，何忠在分公司的时间、作用以及违法所得均小于魏萍（化名），量刑应当轻于魏萍。（1）何忠入职期间较短，2017年1月入职，2017年7月离职，大部分时间都不在分公司。（2）何忠不插手具体业务，在共同犯罪中所起的作用比魏萍小。分公司的业务主要由魏萍负责，何忠只负责监管、传达总公司任务，以及向总公司汇报情况。因此，两人在量刑上应作区分，何忠的量刑应当轻于魏萍。（3）何忠的违法所得较少，收入比魏萍低，违法所得仅有44,502元。

争取认定为自首

我们认为，何忠经公安民警电话传唤，主动投案，到案后能如实交代犯罪事实，系自首。根据《刑法》的规定，可以从轻或者减轻处罚。

此外，何忠的犯罪金额没有达到1291万元。何忠于2017年1月来到分公司，7月底就已经正式离职。因此，自2015年至2016年，自2017年7月底至2018年8月公司停业，这两段时间内公司涉嫌非法吸收公众存款的数额,不应计算到何忠的犯罪数额中。

推动检察院建议适用缓刑

经过多次沟通,检察官采纳了我们的观点,认定何忠系从犯,系自首。

接下来,我们反复和检察官沟通,希望检察院能够直接建议适用缓刑。

检察官说,何忠是第一被告人,建议适用缓刑的话,有难度。

我说,他是从犯加自首,可以降档处理,在 3 年以下,符合缓刑条件。我们让何忠退赃,尽力挽回集资参与人的损失,这样也更符合缓刑条件。

最终,在何忠退赃 20 万元的情况下,检察院建议适用缓刑。

在法庭上,我简要地对何忠发问。

我:你在公司担任什么职位?

何:我是总公司派到分公司的,进行监督管理,名义上是营销总监,实际上做监督管理、对接工作。

我:你的职责是什么? 起到什么作用?

何:因为魏萍是女性,总公司派我去,做一下对接、汇报、上传下达,不怎么参与实际管理,因为已经有一个负责人魏萍,我也不怎么去分公司。

我:你在分公司的工作时间是多久?

何:2017 年 1 月入职,2017 年 7 月离职,半年左右。

我:你对自己的行为怎么认识?

何：当初公司派我去时，我什么都不懂，现在我深刻认识到是违法行为，愿意接受惩罚，积极悔改。

我：你退赃多少？

何：退了 20 万元。

我：你是否愿意预缴罚金？

何：愿意，会尽最大努力。

在法庭辩论阶段，我说，辩护人尊重检察院和何忠达成的认罪认罚具结书，对于非法吸收公众存款罪的定性没有异议，对于检察院建议适用缓刑表示认可。何忠有从犯、自首、退赃等从轻或减轻处罚的量刑情节，如果法院能进一步从轻或减轻处罚，辩护人也表示认可。

2023 年 3 月，华东 L 县法院认定，被告人何忠、魏萍伙同被告人赵某等人非法吸收公众存款，其中何忠、魏萍涉案吸收金额 1291 万余元，未兑付 1193 万余元。

法院判决，被告人何忠犯非法吸收公众存款罪，判处有期徒刑 1 年 7 个月，宣告缓刑 1 年 7 个月，并处罚金人民币 4 万元。被告人魏萍犯非法吸收公众存款罪，判处有期徒刑 1 年 8 个月，宣告缓刑 1 年 8 个月，并处罚金人民币 4 万元。第一、第二被告人宣告缓刑，其余被告人也得到从宽处罚，宣告缓刑。

2023 年 9 月 20 日

真枪？假枪？

近年来，涉枪案件频发，其中不少引发争议。这主要是因为枪口比动能规定得太低，当所发射弹丸的枪口比动能大于等于1.8焦耳/平方厘米时，一律认定为枪支，导致入罪门槛太低。甚至有被告人说，如果能用我的枪打死我，那我就承认我有罪，请用这个枪来枪毙我。

好在，我办理的两起涉枪案，经过无罪辩护，嫌疑人均被取保候审，后顺利解除取保候审。

购买两支气枪不一定构罪

施河（化名）涉嫌非法买卖枪支罪，被公安机关刑事拘留了。

施河的妻子找到我，委托我辩护。我第一时间去看守所会见施河。

施河想买一支气枪，用来打鸟。于是，他在网络上搜索，加了一个网友的QQ。他向网友购买了以压缩气体为动力的一支枪支的零部件，共计花费3650元。该枪支大部分是塑料材质。网友将枪支零部件快递到施河家里。施河没有组装枪支，就一直放在家里，偶尔拿出来看看，后将其丢弃。

有一天，施河和朋友苗山（化名）聊天，苗山提出想买一支气枪打鸟。苗山委托施河帮忙购买气枪，苗山将4000元转给施河，施河将4000元转给网友。网友将气枪零部件快递到苗山家里。

施河在介绍朋友购买枪支的过程中，没有收取好处费，没有非法获利。

会见过后，我敏锐地意识到，本案无罪辩护空间比较大。

根据《刑法》第125条第1款的规定，非法制造、买卖、运输、邮寄、储存枪支、弹药、爆炸物的，处3年以上10年以下有期徒刑；情节严重的，处10年以上有期徒刑、无期徒刑或者死刑。

《最高人民法院关于审理非法制造、买卖、运输枪支、弹药、爆炸物等刑事案件具体应用法律若干问题的解释》第1条第1款第2项规定："个人或者单位非法制造、买卖、运输、邮寄、储存枪支、弹药、爆炸物，具有下列情形之一的，依照刑法第一百二十五条第一款的规定，以非法制造、买卖、运输、邮寄、储存枪支、弹药、爆炸物罪定罪处罚：……（二）非法制造、买卖、运输、邮寄、储存以火药为动力发射枪弹的非军用枪支一支以上或者以压缩气体等为动力的其他非军用枪支二支以上的。"

本案中，施河购买气枪一支、介绍朋友购买气枪一支，总计购买以压缩气体等为动力的其他非军用枪支二支，刚达到入罪标准。但是，其中一支气枪已经被丢弃，已经找不到，无法做鉴定。换言之，气枪只有一支，从证据角度来说，不构成犯罪。

我向公安机关申请取保候审，施河在被刑事拘留30天后取保候审。

过了一段时间，办案民警变换思路，认为气枪铅弹达到600多发，施河仍然涉嫌犯罪。

《最高人民法院关于审理非法制造、买卖、运输枪支、弹药、爆炸物等刑事案件具体应用法律若干问题的解释》第1条第1款第3项规定："个人或者单位非法制造、买卖、运输、邮寄、储存枪支、弹药、爆炸物,具有下列情形之一的,依照刑法第一百二十五条第一款的规定,以非法制造、买卖、运输、邮寄、储存枪支、弹药、爆炸物罪定罪处罚:……(三)非法制造、买卖、运输、邮寄、储存军用子弹十发以上、气枪铅弹五百发以上或者其他非军用子弹一百发以上的。”

我核实后提出,从证据角度来看,数量没有达到500发,不构成犯罪。

1年后,施河顺利解除取保候审。

制作玩具枪不一定构罪

接着说第二起案件,韦达(化名)涉嫌非法制造、买卖枪支罪。

我向公安机关递交《建议撤销案件的法律意见书》。

第一,韦达没有参与制造枪支,仅仅是参与制作供玩具使用的电路板和电池。

据韦达陈述,韦达在老板郑武(化名)的工作室打工,制作供玩具使用的电路板和电池。这些电路板和电池,既可以给玩具枪使用,也可以给其他玩具使用,是能够普遍使用的,不能认定韦达参与制造、买卖枪支。

第二,韦达根据老板郑武的要求,购买玩具枪,用以研究电路板和电池。

韦达在老板郑武的要求下,在淘宝网上购买两支玩具枪。这些玩具枪,并非以压缩气体为动力的枪支,不是法律意义上的枪支。韦达购买这些玩具枪,是工作需要,是用以研究电路板和电池。

韦达购买了多支玩具枪，用以赏玩。这些玩具枪也并非以压缩气体为动力的枪支，在淘宝网上随处可见、随处可买。

第三，韦达不具有非法制造、买卖枪支犯罪的主观故意。

第四，要坚持主客观相统一，不能认定韦达构成非法制造、买卖枪支罪。

根据《最高人民法院、最高人民检察院关于涉以压缩气体为动力的枪支、气枪铅弹刑事案件定罪量刑问题的批复》第 1 条的规定，对于非法制造、买卖、运输、邮寄、储存、持有、私藏、走私以压缩气体为动力且枪口比动能较低的枪支的行为，在决定是否追究刑事责任以及如何裁量刑罚时，不仅应当考虑涉案枪支的数量，而且应当充分考虑涉案枪支的外观、材质、发射物、购买场所和渠道、价格、用途、致伤力大小、是否易于通过改制提升致伤力，以及行为人的主观认知、动机目的、一贯表现、违法所得、是否规避调查等情节，综合评估社会危害性，坚持主客观相统一，确保罪责刑相适应。

本案中，韦达没有参与制造、买卖枪支，不应对韦达追究刑事责任，应当尽快撤销案件。

与此同时，我们搜索淘宝网上的同款玩具枪，发现这些玩具枪随处可见、随处可买，我们一并截图提供给公安机关。

很快地，韦达被取保候审，4 个月后顺利解除取保候审。

2023 年 9 月 27 日

遗　憾

张雨生在《我期待》中唱着，我期待有一天我会回来……昂首阔步不留一丝遗憾……

但人世总有遗憾。刑事辩护也不例外。做过许多案件，有过一些成功案例，也有过一些遗憾。

当事人叶盈盈（化名）涉嫌帮助信息网络犯罪活动罪，我认为不构成犯罪，一直做无罪辩护，希望能够不起诉。最后一刻，权衡利弊之下，叶盈盈选择认罪认罚，此后宣告缓刑。

申请取保候审未遂

2021 年 11 月，还在疫情期间。我前往南方 J 市看守所会见叶盈盈。叶盈盈再三说，不知道在犯罪，相信老公没有骗自己，除非老公亲口说。

叶盈盈说，她的丈夫冯胜（化名）在珠宝批发市场有个档口，做珠宝原材料和成品的批发生意。冯胜向大料商即上一级批发商郑荣（化名）进货，卖给下家。郑荣只收数字货币，用于在国外购买宝石原材料。因此，冯胜也要购买数字货币，用于向郑荣购买宝石原材料。冯胜把购买数字货币的事情交给叶盈盈办理。当下家把钱转给叶盈盈的数字钱包账户，叶盈盈提现到银行卡账户，进而去某 App 购买数字货币，再把数字货币转给郑荣，郑荣就把宝石原材料发货给冯胜或者冯胜的下家。冯胜负责宝石原材料的进出货,叶盈盈不参与具体的经营,只是帮助丈夫接收款项。

叶盈盈接着说,她接收的下家的钱是货款,是用于购买宝石原材料的。她用货款购买数字货币,也是为了促成在郑荣处的宝石原材料交易。她作为普通人没有能力去调查下家的钱来自何处,她认为下家的钱是合法的。她不认识被害人史晓燕(化名),不知道史晓燕被诈骗120万元,也不知道史晓燕的一部分钱为何转到她的数字钱包。

我问,有没有获利?

叶盈盈说,没有。今年10月才开始做宝石原材料生意,目前主要在聚人气,也没赚什么钱。

听完她的陈述,我认为,叶盈盈并非明知他人利用信息网络实施犯罪,主观上没有犯罪故意,不属于“明知他人利用信息网络实施犯罪,为其犯罪提供互联网接入、服务器托管、网络存储、通信传输等技术支持,或者提供广告推广、支付结算等帮助”情形,不构成犯罪。

我告诉叶盈盈,我会做无罪辩护,先去公安机关申请取保候审。

叶盈盈说,女儿今年16岁,在上高二,儿子13岁,在上初一。父母年老多病,无力帮忙,在这关键的时候,希望能早点出去,照顾孩子。

我说,我理解你的心情,会尽力去争取。

随后,我打车100公里,去J市下属Z县派出所沟通案情。在偏远的派出所门口,阳光明媚,辅警在逗猫,空气中弥漫着悠闲的味道。办案民警今天不在派出所,去县公安局了。我又打车

100公里,去县公安局。见到办案民警,民警说,能否取保候审,要向领导汇报。

刑事拘留满30天了,遗憾的是,叶盈盈没有被取保候审,公安机关提请检察院审查逮捕。

检察院不批准逮捕

2021年12月,我从南京出发,去J市Z县检察院,和检察官当面沟通,提交法律意见书,建议检察院不批准逮捕。检察官态度客气,递给我一支烟,我们在烟雾缭绕中探讨。

检察官说,叶盈盈应该是明知丈夫和上游犯罪,明知电信网络诈骗,仍然提供帮助,利用数字钱包、数字货币,帮助转移资金。

我说,叶盈盈有两种可能,一种是明知电信网络诈骗,提供帮助;另一种是不明知。现在叶盈盈的丈夫没有到案,叶盈盈本人坚持说不知道、不知情,在这种情况下,我们认为确实有可能被利用、不明知。从存疑时有利于犯罪嫌疑人的角度,不批捕更适宜。

看得出来,检察官也有点拿不准。我趁热打铁,继续阐述不构成犯罪的理由。

审查逮捕第7天,所幸检察院决定不批准逮捕,叶盈盈顺利取保候审。

坚定做无罪辩护

取保候审期间,我多次和办案民警沟通,能否考虑撤销案件或终止侦查。遗憾的是,一年后,2022年12月,公安机关移送检察院审查起诉。

阅卷后,我更加坚定做无罪辩护,连夜起草法律意见书,次日向检察院递交。

第一,叶盈盈并非明知他人利用信息网络实施犯罪,没有犯罪故意。

1. 叶盈盈丈夫冯胜称钱款系做石料生意的货款,叶盈盈相信丈夫的说法,不知道系赃款。

2. 交易数字货币系冯胜要求并参与操作,绑定数字钱包也是冯胜操作,叶盈盈以为是合法的商业交易。

3. 交易石料生意由冯胜联系郑荣,叶盈盈没有参与具体经营,不知道上线郑荣涉嫌犯罪。

4. 冯胜办理珠宝行营业执照,让叶盈盈更加相信冯胜从事的是合法生意。

5. 叶盈盈只有初中文化水平,认识能力较低,存在被人利用的可能性。

第二,叶盈盈没有违法所得,没有刑事惩罚的必要性。

第三,郑荣辩解在从事珠宝生意,叶盈盈的上游郑荣是否构成犯罪存疑。

“不是明知、没有获利”

回南京后,我们继续搜索近年来不起诉的类案,供检察官参考。

我们认为,是否认定帮助信息网络犯罪活动罪,要综合考虑其认知能力、既往经历、行为次数和手段、与实行犯的关系、获利情况、是否曾因电信网络诈骗受过处罚,以及是否故意规避调查等情况。在案证据不能证明行为人主观上明知他人实施犯罪而提供帮助的,不认为是犯罪。

2023 年 8 月,我们再度前往 Z 县检察院。你来我往,我和检察官针对每份证据,逐条进行交流。

检察官说,认罪认罚的话,可以考虑建议适用缓刑。

我说,叶盈盈可以用 8 个字来形容,“不是明知、没有获利”,不构成犯罪,希望检察院能够考虑不起诉。

经过两个下午有理有据、理性平和的当面沟通,检察官有点犹豫了,本来说打算下周就起诉到法院,这会儿说要再研究一下,再核实一下。

我们只好先打道回府,留待下次。其间,我和检察官多次打电话沟通。

无法逆转的结局

2023 年 9 月,检察官认为我们的意见有道理。

10 月,检察院退回补充侦查。

11 月,我们再度前往 Z 县检察院。针对新的证据材料,我和检察官继续交锋。经过一下午沟通,检察官仍倾向于起诉。

当事人叶盈盈反复说,我确实不知情,为什么要认为我犯罪了?

检察官说,综合各项证据,可以推定你明知。

至此,叶盈盈扛不住了。她最大的诉求是,只要人在外面,不要进去就好。老公已经被判刑,她不能再进去,否则两个孩子怎么办?

那天下午,我和叶盈盈从检察院出来。

天气微凉,阳光却是猛烈。穿过大片收割过后的金黄稻田,溪水潺潺,鸡犬相闻,如果没有这一切的纠葛,会是一个美好的时刻。但这个案子,如影随形。

第二天,叶盈盈选择认罪认罚,检察院建议适用缓刑。

此后,案件起诉到法院,叶盈盈很快宣告缓刑,判处有期徒刑10个月,缓刑1年,并处罚金3000元。

叶盈盈说,蓝律师,谢谢您对我案子的尽心尽力。

我一直希望能够有个无罪的结果,为此数次失眠,为此反复沟通。最后时刻到来,终究留下遗憾。

2024年2月20日

网络发帖惹来跨省抓捕

2022 年 11 月，一份求助信在网上流传，求助人是庞某某。他说，他是一名货车司机，住 S 省，平时写写自媒体文章，还被聘为 S 省公安交通管理信息员。然而，如今却因发帖，被 T 省 Z 县公安定为涉嫌寻衅滋事罪被网上通缉，只能向律师和媒体求助……

有媒体朋友把这封求助信转到微信群，我的朋友龚华律师看到后，在北京第一时间表示愿意提供无偿的法律援助。我看到后，在南京随即响应。

我们联系庞某某本人，了解情况后，初步判断不构成寻衅滋事罪，决定做无罪辩护。

我和龚律师，一南一北，共同合作，一起做点有意义的事情。

网络发帖监督执法，惹来跨省抓捕

据庞某某陈述，2022 年 8 月 23 日，庞某某接到微信网友 T 省货车司机何达（化名）反映称，当天，何达驾驶汽车在 Z 县由南向北行驶，看到路中间交通执法人员很多，旁边停了一辆大货车，何达就采取制动，结果追尾货车左后方。随后，何达拍照、拍视频，认为交通执法人员违规上路追车，大货车停车后，交通执法人员没有摆放安全提醒设施，导致后车追尾。何达和交通执法人员发生争执。

2022年8月23日，庞某某出于监督政府部门规范执法的心态，出于关注社会的热心，并对何达说“千万不能有假”“必须说真实事实”后，在没有收取财物的情况下，用本人注册的微信公众号，编发《Z县交通执法太厉害，上路追车还打人》，附有何达提供的视频、现场照片等证据。8月25日，编发《向Z县县委书记反映交通违规上路追车导致车祸，恼羞成怒抢手机打人》。8月31日，编发《致信市委书记，Z县官官相护说瞎话办假事敷衍老百姓，请严惩》。9月5日，庞某某将3篇微信文章全部删除。

此后的一天，庞某某得知自己被网上通缉，于是在网上求助，随即龚律师和我提供无偿的法律援助。

2023年1月30日，大年初九，庞某某在S省亲戚家中参加婚宴，被T省Z县公安跨省抓捕、刑拘。

会见庞某某，核实案件情况

刚过春节，我和龚律师虽然事务繁杂，还是想着尽快去Z县看守所会见庞某某，和公安机关沟通取保候审、撤销案件事宜。由我先去第一趟，龚律师去第二趟，然后联合再去第三趟……直到解决问题。

二月初，我开车前往500公里外的Z县，会见庞某某。没想到看守所工作人员和我说，要把辩护手续先交给办案机关，经过办案机关同意，才能会见。工作人员还说，他们一直都是这样的。

我说，这是没有法律依据的，这类案件的律师会见不需要办案机关同意。

经过据理力争后，看守所工作人员提供办案民警电话，我打电话给民警,希望民警和看守所工作人员打个电话,方便我们会见。

民警说,你先来交一下辩护手续,就可以会见了。

此后,总算见到庞某某。庞某某性格刚硬,虽然情绪有点低落,仍然坚称自己无罪。我和他核实情况,同时安慰他,我们会全力为他辩护。

和办案民警沟通,坚持无罪辩护

回酒店后,我加班加点研究庞某某案,越研究越坚定无罪辩护的思路,进一步撰写法律意见书。

第二天,我和Z县公安局办案民警当面沟通。我说,这是我们公益代理的案件,我们认为不构成犯罪,希望公安机关能够撤销案件。

办案民警态度客气,用了一个词"热心过度"来形容庞某某。

我马上回应,作为一个公民,热心关注社会是好事,就怕人人都变得冷漠。

我说,Z县交通运输局执法人员执法有待进一步规范。庞某某发布的内容以现场视频和照片为主,辅以监督政府部门的评论性文字,不属于编造或散布虚假信息。庞某某多次在微信提醒何达"千万不能有假""必须说真实事实",已经尽到必要的注意义务,不属于明知是编造的虚假信息进行散布的情形。庞某某的微信文章没有造成公共场所秩序严重混乱。庞某某不具有寻衅滋事犯罪的主观故意,而是出于监督政府部门规范执法的善意。公民对国家机关和国家工作人员有批评、建议的权利,司法机关应当予以尊重,不能动辄因言获罪。

第一,Z 县交通运输局执法人员执法有待进一步规范,应当允许网民监督。

国务院办公厅《关于进一步推进物流降本增效促进实体经济发展的意见》第 1 条第 2 项提出,规范公路货运执法行为。推动依托公路超限检测站,由交通部门公路管理机构负责监督消除违法行为、公安交管部门单独实施处罚记分的治超联合执法模式常态化、制度化,避免重复罚款,并尽快制定可操作的实施方案,在全国范围内强化督促落实。原则上所有对货车超限超载违法行为的现场检查处罚一律引导至经省级人民政府批准设立的公路超限检测站进行,货车应主动配合进站接受检查。

交通运输部、公安部《关于治理车辆超限超载联合执法常态化制度化工作的实施意见(试行)》第 3 条第 1 项提出,对于地处省际、多条国道或省道交汇点、货物运输主通道的超限检测站,各地公路管理机构和公安交通管理部门应当实行驻站联合执法,由公路管理机构负责检测车辆装载情况并监督消除违法行为,公安交通管理部门单独实施处罚和记分。

国家层面在推动由交通部门公路管理机构负责监督消除违法行为、公安交管部门单独实施处罚记分的治超联合执法模式常态化、制度化,Z 县交通运输局执法人员有可能存在单独执法情况,存在没有摆放安全提醒设施的情况,存在态度不当、和何达发生争执和肢体接触的情况,执法有待进一步规范,应当允许网民监督。

Z 县热线办理官方 2022 年 8 月 30 日回复显示,交通执法大队工作人员与何达发生肢体接触,后何达的手机被交通执法人员交由派出所人员手中,后返还。换言之,“发生肢体接触”、抢夺手机,以及视频中何达衣服受损,都显示县交通运输局执法人员可能存在执法不当之处。

第二,庞某某发布的内容以现场视频和照片为主,辅以监督政府部门的评论性文字,不属于编造或散布虚假信息。

《最高人民法院、最高人民检察院关于办理利用信息网络实施诽谤等刑事案件适用法律若干问题的解释》第 5 条第 2 款规定:“编造虚假信息,或者明知是编造的虚假信息,在信息网络上散布,或者组织、指使人员在信息网络上散布,起哄闹事,造成公共秩序严重混乱的,依照刑法第二百九十三条第一款第(四)项的规定,以寻衅滋事罪定罪处罚。”

本案中,庞某某发布的微信文章,以何达提供的现场视频和照片为主,且庞某某没有剪辑,没有随意拼接、断章取义。这些都不是虚假信息。

庞某某在微信文章中,除了视频、照片,还有一些评论性的文字,是评价性观点。例如,“希领导关注、严惩,净 Z 县执法环境,给人民安全”,“Z 县交通执法乱象引起公愤,成了过街老鼠,人人喊打”,“掩耳盗铃、自欺欺人”,“可恶可恨可悲可叹啊,期待 Z 县交通执法和派出所公开执法记录仪,让公众监督,清者自清,浊者自浊”,“书记,看似小事,如果不秉公执法可能引起民愤,希望书记能严查此事,还原真实事实,让老百姓安安全全放心生活,人民的公仆是为人民服务的,不是有权任性,欺骗欺压百姓的”。

最高人民法院肖辉在《人民司法》发表《寻衅滋事罪的若干法律适用问题》一文表示,如果只有对事实的评价性观点,即使评论是带有偏见的,甚至歪曲了客观事实,也不宜认定为虚假信息。

文章还表示，虚假信息的内容包括全部虚假和部分虚假，其中部分虚假要求对关键性信息进行了篡改，如事件的起因、政府处理的情况。如果基本事实是存在的，只是对细枝末节或者不重要的环节进行了改编，不宜认定为虚假信息。

本案中，庞某某并没有对关键性信息进行篡改，相反地，还在微信文章贴出了Z县官方的回复。换言之，各方信息相对较为全面，达成一定程度上的平衡。庞某某还在微信中说，“能记住后来的那个警察名字或者警号吧，好同志咱也得表扬”，“（警察用自己的钱给我买水）好同志”。

“Z县热线办理”2022年8月30日回复称，2022年8月23日13时41分，交通执法局郭某拨打“110”报警称：其在执法检查，一辆货车驾驶员拒不配合工作。派出所工作人员出警到达现场后了解，Z县交通执法大队在查处违章车辆过程中，违法车辆驾驶员不配合执法工作，民警到达现场时该违章车辆驾驶员已自行离开。Z交通执法大队工作人员在拖离车辆过程中，何达驾驶的车辆与该车辆追尾，后交通执法大队工作人员与何达发生肢体接触。后何达的手机被交通执法人员交到派出所人员手中，核实该手机机主身份后，派出所工作人员将该手机返还何达。已和当事人沟通，当事人表示满意。

“Z县热线办理”2022年8月30日回复称，Z县交通运输局对反映的问题进行了调查落实，在整个执法过程中，交通运输执法大队执法人员执法过程规范，无抢夺手机及殴打当事人的行为，全程都有执法记录仪录像，追尾交通事故问题由交警部门处理，当事人何达在网络上歪曲事实、恶意抹黑国家机关工作人员的行为,建议由公安机关依法予以处理。办理人王某已经与来电人联系,来电人表示理解。

“Z 县热线办理”2022 年 8 月 31 日回复称,Z 县交警大队对反映问题进行调查落实,办理情况是:经查,该案已按法律程序处理完毕。办理人庄某通过电话与诉求人进行沟通联系,其表示理解。

第三,庞某某多次在微信提醒何达“千万不能有假”“必须说真实事实”,已经尽到必要的注意义务,不属于明知是编造的虚假信息进行散布的情形。

在庞某某和何达的微信交流中,庞某某多次和何达说:“记住必须说真实事实,不然发出来有可能追究责任”,“你对你说的保证据实,并对你所说承担后果”,“叙述清清楚楚,千万不能有假”等。

庞某某还进行了一定程度的核实,他问何达,“把发生地点和时间,还有你的电话,用文字具体叙述一遍”,“派出所怎么说”“打你的是几个人,打的程度如何”,“具体打人是因为什么,谁打的你”“第一个是谁,因为什么打人”“有完整视频吗,能否具体叙述一下经过,还有当事人联系方式”“那是运管还是路政”等。

因此,庞某某编发文章前已经尽最大努力核实,已经尽到必要的注意义务,不属于编造虚假信息的情形,不属于明知是编造的虚假信息进行散布的情形。

庞某某不是司法机关,没有公权力赋予调查的权力,不能苛求庞某某的文章达到百分之百的准确,不能过高要求普通网民庞某某对所发布的信息的审查程度。综合庞某某的身份、职业、生活经历等因素,庞某某已经尽到注意义务,不属于明知是编造的虚假信息进行散布的情形。

第四，庞某某的微信文章没有造成公共场所秩序严重混乱。

寻衅滋事犯罪属于结果犯，要求必须造成公共场所秩序严重混乱才可以定罪。《最高人民法院、最高人民检察院关于办理利用信息网络实施诽谤等刑事案件适用法律若干问题的解释》第5条第2款将“造成公共场所秩序严重混乱”变动解释为“造成公共秩序严重混乱”，要根据刑法立法本意做限制性理解，换言之，利用信息网络实施的寻衅滋事罪要求造成“公共秩序严重混乱”，不仅指虚假信息被大量转发、评论等造成的网络秩序混乱，同时也要求造成生产、生活、工作、营业、教学等现实社会公共秩序的严重混乱。

首先，从信息传播范围来看，庞某某的3篇微信文章并没有被大量转发、评论。9月5日，庞某某就将3篇微信文章全部删除，没有造成广泛影响。

其次，“Z县热线办理”官方在2022年8月30日、31日均予以回复，相当于“公开辟谣”，且没有造成生产、生活、工作、营业、教学等现实社会公共秩序的严重混乱。

最高人民法院肖辉在《寻衅滋事罪的若干法律适用问题》一文中表示，如信息被及时、有效地删除，未被大量转发、评论、报道，未造成广泛影响的，或者政府部门或其他权威机构仅在发布虚假信息后进行了公开辟谣，均不宜认定为造成公共秩序严重混乱。辩护人认为，庞某某符合该情形，不宜认定为造成公共秩序严重混乱。

第五，庞某某不具有寻衅滋事犯罪的主观故意，而是出于监督政府部门规范执法的善意。

根据相关司法解释,寻衅滋事犯罪动机和目的是寻求刺激、发泄情绪、逞强耍横等,无事生非或借故生非,这自然是具有主观恶意。而本案中,庞某某作为公民,出于监督政府部门规范执法的善意,出于关注社会的热心,发布微信文章,不具有寻衅滋事犯罪的主观故意。这是人民群众内部的矛盾,不是敌我矛盾。

第六,公民对国家机关和国家工作人员有批评、建议的权利,司法机关应当予以尊重,不能动辄因言获罪。

我国《宪法》规定,国家尊重和保障人权。中华人民共和国公民有言论的自由。公民对于任何国家机关和国家工作人员,有提出批评和建议的权利;对于任何国家机关和国家工作人员的违法失职行为,有向有关国家机关提出申诉、控告或者检举的权利,但是不得捏造或者歪曲事实进行诬告陷害。对于公民的申诉、控告或者检举,有关国家机关必须查清事实,负责处理。任何人不得压制和打击报复。

对于庞某某出于善意的批评,政府部门应当予以包容,司法机关应当予以尊重,不能动辄因言获罪。

媒体报道,引发社会关注

和办案民警沟通后,我又前往 Z 县检察院递交《法律监督申请书》。我和检察官说,公安局对庞某某违法违规刑事立案,请检察院履行法律监督职能,提出纠正意见,督促尽快撤销案件。

几天后,龚律师也赶赴 Z 县,会见庞某某,和公安机关、检察机关沟通,递交法律意见书。

其间,我们多次讨论,怎么更好地推动辩护。庞某某是 S 省公安厅交通管理局聘请的信息员，本来就有监督交通执法工作的职责，结果因为网络发帖监督T省交通执法人员的行为，被T省Z县警方跨省抓捕，这一点很魔幻。

有些案件存在重大问题，同时具有一定的新闻价值，具有一定的社会关注度，这时候可以借助媒体舆论监督报道，推动案件良性发展。当然，在这个过程中，要注意实事求是，要注意规范化。

庞某某寻衅滋事案，我们要真诚感谢媒体及时报道，《燕赵都市报》纵览新闻首发，随后多家媒体跟进。短短几天，案件从无人知晓，到网络关注、舆论沸腾，媒体界、法律圈火热探讨。

我们预判案件很快会出现转机。果然，2023年2月17日，Z县公安局在对庞某某刑拘18天后，决定取保候审。

当天，Z县所在的市公安局发布通报，针对媒体报道"男子网上发文质疑交通执法有违规遭警方跨省抓捕"一事，市公安局已派出调查组全面调查核实有关情况，根据调查结果依法依规处理。

取保候审后，终止侦查

庞某某被取保候审是重大进展，但我们认为还不够，我们希望能够争取无罪，我们坚定地做无罪辩护。

4月10日，我和龚律师再度前往Z县公安局。这时候，办案民警非常客气。我们不卑不亢地表达法律意见，建议公安机关尽快撤销案件。随后，我们前往检察院，再度申请法律监督。

4月28日，Z县公安局对庞某某决定解除取保候审，退还保证金2000元，并作出《终止侦查决定书》，经查明，庞某某不够刑事处罚,现决定终止对庞某某的侦查。

这期间,还发生了一些事情。不管如何,只要有利于维护当事人的合法权益,我们哪怕受点委屈,也无怨无悔。

至此,我们公益代理的庞某某网络寻衅滋事案,以无罪告终。庞某某向我和龚律师赠送锦旗:“一身正气为民解忧,侠肝义胆勇往直前”。我们会继续努力,不断前行。我们深知,律师除了要光明正大地赚钱养家,还要有社会责任感。我们深知,维护当事人合法权益,就是在维护法律正确实施,就是在维护社会公平正义。

2023 年 10 月 23 日

链接　私造浮桥收费获缓刑,定罪证据需厘清

吉林省洮南市某镇某村村民黄某等 18 人,因为私造浮桥收费 52,950 元,被判寻衅滋事罪,均获缓刑。近日,该案在社会上引起广泛关注。私造浮桥该怎么定性,收费该怎么定性,是行政违法还是刑事犯罪?凡此种种,需要一一厘清。

私造浮桥,涉嫌违反《水法》。《水法》第 65 条第 2 款规定,未经水行政主管部门或者流域管理机构同意,擅自修建水工程,或者建设桥梁、码头和其他拦河、跨河、临河建筑物、构筑物,铺设跨河管道、电缆,且防洪法未做规定的,由县级以上人民政府水行政主管部门或者流域管理机构依据职权,责令停止违法行为,限期补办有关手续;逾期不补办或者补办未被批准的,责令限期拆

除违法建筑物、构筑物;逾期不拆除的,强行拆除,所需费用由违法单位或者个人负担,并处 1 万元以上 10 万元以下的罚款。

换言之,村民私造浮桥,是行政违法行为,如果有安全隐患,办不了手续,由当地水利局责令限期拆除,或强行拆除,可以并处 1 万元以上 10 万元以下罚款。

即便行政违法,在实践中并非一定要进行处罚。私造浮桥手续不全,如果方便村民出行,且没有造成安全事故,可以考虑不予处罚,进行教育。根据《行政处罚法》第 33 条的规定,违法行为轻微并及时改正,没有造成危害后果的,不予行政处罚。初次违法且危害后果轻微并及时改正的,可以不予行政处罚。对当事人的违法行为依法不予行政处罚的,行政机关应当对当事人进行教育。

违法行为不一定是犯罪行为,这是常识。本案中,村民黄某等人私造浮桥后,有收费行为,我们要进一步予以分析、评价。

如果村民黄某等 18 人拦截过往车辆或行人,水利局多次责令拆除仍不拆除,或拆除后又重建,且把其他能通车的地方用铲车挖开,导致车辆或行人只能走黄某的浮桥,对车辆或行人威胁恐吓,强行收费,某种程度上形成村霸、路霸,那么有可能涉嫌寻衅滋事罪。

洮南市人民法院正是如此逻辑,其刑事判决书认为,被告人黄某等 18 人私自建桥,拦截过往车辆强行收取过桥费,强拿硬要他人财物,造成恶劣社会影响,破坏社会秩序,情节严重,其行为已构成寻衅滋事罪。

但是,该刑事判决书过于简略,对于被害人陈述并没有摘录,对于黄某等人是否用铲车挖开其他路、导致车辆或行人只能走浮桥并没有提起,对于黄某等人是否有威胁恐吓、从而达到强拿硬要的程度并没有论述。

该刑事判决书显示,本案由洮南市公安局扫黑办批转。如果存在铲车挖路、威胁恐吓等恶劣情节,不管是起诉意见书、起诉书还是刑事判决书,想必不会遗漏;能否对全案 18 人宣告缓刑,想必也要打一个问号。

强拿硬要,破坏社会秩序,才涉嫌寻衅滋事罪。本案中,如果确如黄某所称,没有强制收费,全凭村民自愿交费。有所谓的被害人李某,经法院返还过桥费后,又把 2 万元退给黄某,并说,“搭这个桥,确实给咱带来了方便”。那么,显然不属于强拿硬要,没有破坏社会秩序。退一步讲,即便黄某存在给钱才让过桥的行为,鉴于黄某等人投入 13 万元造桥,有一定的诉求基础,只要黄某等人没有挖开其他路,村民有其他选择,那么也不宜评价为强拿硬要、破坏社会秩序,不宜评价为寻衅滋事罪。

寻衅滋事罪的主观故意有两种,一种是寻求刺激、发泄情绪、逞强耍横等,无事生非;另一种是行为人因日常生活中的偶发矛盾纠纷,借故生非。本案中,黄某等人虽有收费,并非属于无事生非或借故生非,不能评价为具有寻衅滋事罪的主观故意。

私造浮桥收费,一方面行政违法,不宜认定为寻衅滋事罪;另一方面有利于村民出行,是否予以行政处罚亦有争议。拆桥之后,村民出行较为不便,至今已经 4 年有余。

法律是专业的,同时也是从民众之中产生的。如果司法人员手里只有卷宗,眼里只有法条,不能设身处地换位思考,办案效果会大打折扣。我们要考虑司法结论是否顺应国法、天理、人情。“天下之情无穷,刑法所载有限”,在办案中要考虑老百姓朴素正义观，在法律范围内接近社会预期，而不能机械办案、就案办案。追赶小偷致死案、醉驾救妻案、昆山龙哥案等一系列案件不起诉或者撤销案件，正是顺应了国法、天理、人情。私造浮桥收费案件，亦可作如是观。

近年来，不少网友担忧寻衅滋事罪有“口袋罪”的倾向，担忧过度适用寻衅滋事罪，这应当引起有关部门重视。这起私造浮桥获刑事件，让网友的担忧更进一步。希望法院以事实为根据，以法律为准绳，严把证据关口，再审此案。

2023 年 7 月 9 日

（补注：2019 年 12 月 31 日，吉林省洮南市人民法院以犯寻衅滋事罪判处黄某有期徒刑 2 年，缓刑 2 年；判处何某等 17 人有期徒刑 1 年、拘役 6 个月及 3 个月的刑期，同时宣告缓刑。宣判后，黄某等 18 人未上诉，检察机关未抗诉，判决已发生法律效力。后黄某不服，向吉林省洮南市人民法院申诉，被驳回，又向白城市中级人民法院申诉，白城市中级人民法院于 2023 年 9 月 27 日决定提级审理，并于 2023 年 11 月 13 日公开开庭审理此案。2023 年 12 月 25 日，白城市中级人民法院对黄某等 18 人寻衅滋事再审一案进行公开宣判，维持对黄某、何某的定罪量刑，对其他同案犯宣告无罪或免予刑事处罚。）

办理疑难复杂案件，是刑辩律师的必经之路。

越是疑难复杂案件，越需要辩护律师沉着冷静，打出一套“组合拳”，全力争取当事人利益。

史晓明（化名）涉嫌合同诈骗336万余元，被华东K县法院一审判处有期徒刑10年。

2022年1月，我介入二审辩护，认为是民事纠纷，不构成合同诈骗罪。类似案件二审有罪判决已经生效，这让辩护工作难上加难。

经过我们顽强的无罪辩护，华东M市中级人民法院撤销原判，发回重审。

近日，K县法院重新审理，改判4年6个月，实报实销，当事人恢复自由。

一审认定合同诈骗336万余元

跨境电商网店店主史晓明与国内一家第三方支付公司签订服务协议，委托跨境支付业务。双方因国外买家拒付账单产生纠纷。第三方支付公司报案后，史晓明涉嫌犯合同诈骗罪被公安机关刑事拘留，后一审获刑10年。

一审法院认定，被告人史晓明与Y信息技术有限公司（以下简称Y公司）经协商达成合作意向，Y公司作为网络支付服务提供商，为史晓明的电子商务业务提供网上外币银行卡支付结算业务。2017年11月7日，史晓明开始向境外信用卡用户发货。2017年11月22日，史晓明以“沈某某”的名义和Y公司签订支付服务协议。2017年11月24日，史晓明以自己的真实姓名与Y公司再次签订支付服务协议。协议约定，若史晓明发送实物给客户，应当要求客户收到货物后在收货单上签字确认，并妥善保留该收货单据。当出现客户拒付或否认交易等纠纷时，史晓明应积极配合Y公司及银行、中国银联、国际信用卡组织、司法机关、金融监管机构等的调查工作，及时准确地提供相关交易信息和上述收货单据。双方约定订单完成交易后，由Y公司先付60%的货款给史晓明，待买方确认货款后，再将货款的35%支付给史晓明，货款的5%为Y公司服务费用。

2017年11月7日至12月17日，被告人史晓明发现Y公司的支付存在漏洞，利用国际信用卡支付不需要密码的特点，通过填写不真实的购买交易和虚假的快递信息，使境外信用卡持有人的钱款被划转到第三方支付平台和关联的银行后，X公司将相关销售货款按照合同约定支付给史晓明。境外信用卡用户在发现被骗后有拒付权限，后大量境外信用卡用户拒付，导致销售款项被转回给境外信用卡用户，造成X公司损失。

自2017年11月7日至12月17日，被告人史晓明在X公司结算的交易未拒付共计金额为812万余元，按照合同约定X公司应支付给史晓明95%的货款即771万余元。后X公司发现史晓明商户为150692号的交易记录中自2017年11月8日至11月29日共计有17,500余笔被拒付，拒付交易金额共计人民币1361万余元，其中货物损坏/名不符实、重复扣账、已取消的循环交易、重复交易等类拒付金额,合计 52 万余元,其余拒付原因显示为:持卡人未授权、没有授权交易、欺诈。X 公司在 2017 年 11 月 20 日至 11 月 29 日,实际已经支付给史晓明 1160 万余元,扣除 X 公司应当支付的未拒付部分的货款 771 万余元及正当拒付部分的货款 52 万余元,史晓明实际诈骗金额为 336 万余元。2017 年 11 月 29 日,X 公司发现被骗后,关闭支付通道,并停止向史晓明支付余下的款项。

2018 年 12 月 21 日,X 公司法定代表人丁力(化名)向华东 K 县公安局报案。2019 年 1 月 17 日,立案侦查,同年 1 月 24 日将被告人史晓明抓获。史晓明归案后未如实供述自己的犯罪事实。

从质疑一份证据开始

我和助理阅卷后,认为事实不清、证据不足,尤其是电子数据、银行流水问题重重。我们决定主动出击,鉴于时间紧,案件疑难复杂,我们从一份证据着手,先向法院提交二审公开开庭审理申请书和调取证据申请书等材料。而后,我们再撰写新的法律意见书,全面论证不构成合同诈骗罪,而是民事纠纷。

这种案件,当面沟通极有必要。我和法官打电话预约时间。

我说,这个案件争议很大,证据问题很大,我们希望能够预约时间当面交流,您看明天或后天是否有空?

法官说,你有没有书面意见,先提交书面辩护意见,我们看过后再说。

我说,我们有书面的意见,同时我们也希望当面沟通,我们当面言简意赅地说一下观点，然后再提交书面意见，这样会更好一些。

几次反复拉锯之后，法官最终同意确定当面谈话时间。

2022 年 1 月 19 日，见到法官后，我以一种平和的方式开场，对法官说，这个案子争议很大，我们律师的工作既是为当事人辩护，同时也是协助司法机关查清真相，首先事实要查清楚。

法官说，你这句话讲得对，这点我赞同，你接着说。

我一面把二审公开开庭审理申请书递交给法官，一面说，本案的证据问题重重，仅就 K 银行北京市分行以及 Y 银行北京市分行出具的拒付记录而言，合法性、关联性、真实性均存疑，申请公开开庭审理本案，以便于查清事实。

1. 从证据的合法性来看，两家银行出具的拒付记录均有形式上的问题，不能作为证据使用。

2. 从证据的关联性来看，两家银行出具的拒付记录中没有主体信息，没有记录显示与史晓明有关。

3. 从证据的真实性来看，两家银行出具的拒付记录不能与随卷所附光盘中的 105692 订单情况电子表格对应，真实性存疑。

本案还存在一个重大问题，同一份证据居然用来证明两个人不同的犯罪事实。K 银行北京市分行的拒付记录，既用来证明万向飞（化名）的犯罪事实，又用来证明史晓明的犯罪事实，而两人的涉案事实和金额显然不同。

我们还向法院递交 K 银行数据和 Y 公司数据对比表、Y 银行数据和 Y 公司数据对比表，数据相互矛盾、冲突。

法官对我们的数据对比表很感兴趣，详细问我们是怎么做的。

我接着说,这只是初步的对比,接下来我们会针对近万笔数据逐个比对,到时候证据的问题会暴露得更充分。

法官说,我建议你们的思路是把犯罪金额降下来。

我说,我们会从整体去论证是否构成犯罪,接着再论证犯罪金额的问题。

法官说,建议你们一次性把所有的意见提交。

我说,这个案子问题很大,我们在研究过程中可能会有新思路,到时候需要补充的时候,我们也应该要补充。

这次和法官见面,让法官直接感受到辩护人在较真。

接下来,随着研究深入,我们前后提交六份法律意见书,多份申请书。

从五大方面论证不构成犯罪

2022 年 2 月 28 日,我们和法官再次见面,提交详细的第一份法律意见书。我们认为一审刑事判决书认定事实不清、证据不足、适用法律错误、程序违法、量刑畸重。本案属于民事纠纷,属于可变更、可撤销的合同纠纷,完全可以通过民事诉讼解决,不需要上升到刑事手段打击。

第一,关于事实,史晓明和 Y 公司发生支付结算纠纷,史晓明始终愿意退款,只是双方对于退款金额有争议,不应认定构成合同诈骗罪。

1. 史晓明使用化名签订第一份合同有合理解释,且随后重新签订合同时使用真名,双方达成支付服务民事法律关系。

2. 双方明确约定当拒付率达到 35% ,超过 35% 的拒付金额由史晓明承担。史晓明也多次表态愿意承担，只是对金额有异议。

本案中，拒付率约为60%，超过35%，根据协议约定，应当由史晓明承担，史晓明也多次表态愿意承担。双方的争议焦点在于史晓明希望丁力提供退款流水单，便于查清拒付的真实比例和金额。这完全是履行合同引发的纠纷。

第二，关于证据，现有证据不能证明上诉人史晓明构成合同诈骗罪，史晓明并未采用虚构事实或隐瞒真相的方法骗取财物。

1. 一审认定史晓明填写不真实的购买交易和虚假的快递信息的证据不足。

首先，史晓明是收单的，是从冯英（化名）处收单后发货。

其次，快递信息显示妥投，证实真实发货并到达指定地点。史晓明的订单，大部分都可以通过EMS平台查询。

2. 外国客户是否拒付、拒付原因、拒付比例、拒付金额均存疑。

首先，Y公司提供的拒付数据并非原始数据，是否与上家一致存疑，包括北京Q信息技术有限公司（已解散并注销营业执照）和深圳市P信息技术有限公司。Q公司和Y银行北京分行结算。P公司和K银行北京分行结算。外国客户是否有拒付，司法机关应当提供银行原始拒付凭证或流水，并且要和Y公司的拒付数据一致。而从目前来看，银行数据和Y公司数据差距很大。

其次，拒付原因存疑，亦有可能是正当的拒付理由。外国客户拒付的理由可能多种多样，除了史晓明的原因，亦有可能出于其他原因。例如，即使货物质量没问题，有的客户收到货物后仍不满意,进而拒付;银行多扣了金额,导致客户拒付,这一点在证据材料中很明显,有的订单金额 112.85 元,竟被 K 银行扣去 276.01 元,差额达 163.66 元,增加了 145%,显然在这种情况下客户会选择拒付。有的订单金额为 733.52 元,竟被 Y 银行扣去 2851.77 元,差额达 2118.25 元,增加了 289%,客户选择拒付是完全正当的。同时,也不排除物流环节导致货物丢失、被海关扣关、货物损毁等情形,导致拒付,甚至也不排除外国客户收到货物后,利用 180 天拒付权限的漏洞进而恶意拒付的可能性。

最后,拒付比例和拒付金额存疑。Y 公司的拒付数据真实性存疑,不排除 Y 公司后台修改的可能性,事实上史晓明质疑的也是拒付数据过高,有可能被篡改。司法机关应当对 Y 公司、Q 公司、P 公司、Y 银行、K 银行的数据进行取证、筛选、核对,从而确定拒付比例和拒付金额。

第三,关于法律适用,本案属于民事欺诈,属于可变更、可撤销的合同纠纷,不构成合同诈骗罪。

诈骗犯罪与民事欺诈有诸多相同点。司法实践中,应当正确认定诈骗罪,将其与民事欺诈准确区分。本案属于民事欺诈,属于可变更、可撤销的合同纠纷。我们从欺骗内容、欺骗程度、欺骗结果等方面,论证不构成合同诈骗罪。

第四,关于程序,本案一审存在诸多违法违规之处。

第五,Y 公司和丁力并未产生错误认识,并非基于错误认识处分财产,丁力的陈述真实性存疑。

这次,我们再度提交调取证据申请书,申请调取史晓明在 Y 公司结算的拒付和未拒付交易清单和银行流水记录。申请调取第三方支付机构关于史晓明的拒付和未拒付的所有交易清单和银行流水记录，以便于比对。申请调取Y公司划扣国外客户款项的银行流水记录、客户拒付之后银行给Y公司的回执。申请调取史晓明已妥投及没有拒付的订单。申请调取深圳市X网络科技有限公司与深圳市P信息科技有限公司关系的材料。申请调取史晓明与丁力、刘某某、戴某某、林某某等Y公司人员的微信聊天记录和QQ聊天记录、通话记录等，以便证实双方一直在沟通退款事宜，系支付结算引发的合同纠纷。

辩护形成狂轰滥炸的气势

我们的辩护形成一种狂轰滥炸的气势，扎扎实实，有理有据。

在第一份法律意见书中，辩护人认为本案属于民事纠纷，属于可变更、可撤销的合同纠纷，完全可以通过民事诉讼解决，不需要上升到刑事手段打击。

紧接着，我们提交第二份法律意见书。辩护人仍然不认可一审判决，不认可Y公司提供的拒付数据。何况，即使按照一审判决的逻辑和Y公司提供的拒付数据，本案一审认定实际诈骗金额同样存在计算错误的问题。

1. 正当拒付金额不止52万余元，至少有191万余元。

2. 未拒付金额不止812万余元，按照合同约定应支付给史晓明的货款也不止771万余元。

其间，我们和市检察院承办检察官也多次当面沟通，多次提交法律意见书。

虽然形势不明，我们多管齐下，全力以赴，置之死地而后生，希望法官和检察官能够从内心确认案件存在问题，而不是沿着惯性维持,从而推动案件转向。

整个春节假期加班研究

接下来的整个春节假期,我和助理加班加点,继续研究这个案件。我们把近万条数据逐一比对,形成上百页的两张大表格。

助理和我说,白天走亲戚,晚上不留夜,回来抓紧时间整理数据,每天整理一部分,前后花了 20 天,终于完成初步比对。

我们这种极度较真的态度,法官和检察官应该是印象深刻的。

我和助理还仔细研究史晓明等人的微信聊天记录,又有新的发现,一些未经质证的证据,某种程度上就是新证据,而且是有利于我们的新证据,于是我们又提交第三份法律意见书。

1. 新证据显示史晓明是收单的,是从冯英处收单后发货。

2. 新证据显示 Y 公司给史晓明新开商户号 150812,证明不可能是诈骗,如果是诈骗,Y 公司不可能继续给史晓明开新号。

3. 新证据显示 Y 公司存在虚增拒付率 20% 的情况。

4. 本案证据链条断裂,各方层层合作,但交易清单和银行流水记录不完整,不能排除合理怀疑,不能得出唯一结论。

5. 持卡人未授权、未授权交易、欺诈等原因引发的拒付,不一定就指向史晓明涉嫌合同诈骗。

第一次延期审理

马上 3 月了,审限快到了,法院迟迟没有新的进展。

我和法官说，鉴于案件疑难复杂，由我们提出申请延期审理。

我们此前已经提交了调取证据申请书、证人出庭申请书和庭前会议申请书。鉴于需要通知证人（被害人）到庭，调取证据需要时间，且史晓明涉嫌合同诈骗罪一案审限将近，故申请贵院对史晓明涉嫌合同诈骗罪一案延期审理。

法官同意延期审理。

是否有真实发货成焦点

2022 年 4 月，法官主动打电话给我，交流几个问题。

法官问，是否有真实发货。

我说，我认为是有发货的，国外客户不傻，如果全都没有真实发货，未拒付的比例一定远低于 40%，认为史晓明没有真实发货不符合常理。

法官还问，银行流水和 Y 公司提供的拒付记录怎么比对的。

我说，可以通过银行卡号进行对比确认，史晓明的诈骗金额远低于一审认定，甚至算下来没有诈骗金额。

交流完毕，我根据电话内容和事实、证据，再度提交新的法律意见书。

1. 史晓明有真实发货。

2. 银行卡号是对比银行流水与 Y 公司拒付记录的关键。

不断挖掘证据漏洞

我和助理每隔一段时间，就拿出案卷材料研究，尤其是电子数据,果然有所发现。

补充侦查卷1,史晓明拒付订单明细、回访录音、邮件光盘中,将“692邮件回复截图”中的回访邮件按订单号,在史晓明订单分析光盘的“10569订单情况”中检索,回访邮件的回复内容与Y公司提供的表格中的拒付理由对比结果如下:回访邮件共68条,回复内容与拒付理由不一致的合计60条,占比88.2%;回复内容与拒付理由一致的合计8条,占比11.8%。

当我们把这些信息告诉法官,法官也有点惊讶。

长久等待后发回重审

这个案件,经过我们坚持不懈的辩护,法官和检察官犹豫起来。

2022年6月,在长久等待后,市中级人民法院认为原审判决事实不清、证据不足,裁定撤销原判,发回重审。

这是关键一步。意味着案件回到原点,意味着案件充满各种可能性。

申请更换检察官

律师要穷尽一切合法合理的手段,维护当事人利益。

案件发回重审后,我到检察院询问,发现还是原来的检察官办理这个案件。

我和原来的办案检察官预约时间,当面深入交流1个多小时。

检察官坚持认为有罪。

在这种情况下，我打开天窗说亮话，坦率地和检察官说，我认为发回重审的案件，应当更换检察官，我将申请更换检察官。

检察官说，这是你的权利。

我提交更换检察官申请书，虽然现行法律法规对发回重审案件是否更换检察官没有明确规定，但不论是从法理精神还是从案件的实际处理来看，更换检察官具有充分的必要性。更换检察官，有利于减少冤假错案的发生，有利于案件的公平公正处理，有利于维护被告人的合法权益。

1. 本案明显事实不清、证据不足，没有达到事实清楚、证据确实充分的标准，原办案检察官违反客观义务。

2. 从维护被告人合法权益和案件公平公正处理角度出发，有必要更换检察官。

3. 从法理精神和常识出发，发回重审案件更换检察官是应有之义。

过了一段时间，检察院更换新的检察官，办理这个案件。

每隔一段时间沟通

每隔一段时间，我就和法院、检察院沟通，了解最新情况。在法院，我继续提交法律意见书、证人出庭申请书、调取证据申请书、庭前会议申请书。

2022 年 12 月，得知史晓明父亲患肺癌末期，我再度向法院递交取保候审申请书。遗憾的是，法院没有同意取保候审。

以实报实销告终

一转眼,史晓明被关押 4 年多了。

2023 年 6 月,法院作出判决,经审理查明:被告人史晓明与 Y 公司经协商达成合作意向,Y 公司作为网络支付服务提供商,为史晓明的电子商务业务提供网上外币银行卡支付结算服务。2017 年 11 月 8 日至 11 月 29 日,被告人史晓明在境外的买家在电商平台下单购物后,故意不发货或者发与实物不符的廉价商品给境外买家,骗取境外买家财物。目前已查实,拒付原因为:"欺诈""交易不可识别、欺诈""商品或服务未收到""未收到服务/货物""未收到货""未提供服务或未收到商品"的订单共计 3729 笔,史晓明诈骗未遂共计人民币 298 万余元。

2019 年 1 月 24 日,被告人史晓明被抓获,归案后未如实供述自己的犯罪事实。在一审发回重审阶段,被告人史晓明对指控的犯罪事实和证据没有异议,并自愿认罪认罚。

法院认为,被告人史晓明诈骗他人财物,数额特别巨大,其行为构成诈骗罪,应依法惩处。检察院指控被告人史晓明犯诈骗罪的事实清楚,证据确实、充分,罪名成立,本院予以支持。被告人史晓明认罪认罚,依法可以从宽处理;被告人史晓明已经着手实施犯罪,因意志以外的原因而未得逞,可以比照既遂犯减轻处罚;被告人史晓明在发回重审阶段能如实供述主要的犯罪事实,系坦白,依法可以从轻处罚;被告人史晓明利用电信网络技术多次实施诈骗,可以酌定从重处罚。

法院判决,被告人史晓明犯诈骗罪,判处有期徒刑 4 年 6 个月，并处罚金人民币 9 万元。

1 个月后，2023 年 7 月，史晓明刑满释放。

这桩疑难复杂案件，以当事人实报实销告终。

2023 年 10 月 23 日

两抓两放

合同诈骗罪和民事经济纠纷，剪不断，理还乱。

面对合同诈骗罪案件，要抽丝剥茧，厘清法律关系，寻找有利的辩护点。

2022 年 8 月，律师同行找到我说，有一起合同诈骗案，当事人孔杰（化名）被华东 Z 县公安局刑事拘留，争议较大，推荐我辩护。

很快，孔杰家属委托我辩护。会见孔杰后，我们认为是民事经济纠纷，坚定做无罪辩护。公安机关提捕，我们抓紧时间和检察官沟通，递交法律意见书，检察院不批准逮捕。

没想到 2023 年 6 月，孔杰因为另一起合同诈骗案，又被华东 M 县公安局刑事拘留。公安机关提捕，我们紧急和检察官沟通，仍然坚持无罪辩护，好在最终也是不批准逮捕。

会见当事人，确定无罪辩护思路

2022 年 8 月，孔杰和前妻谢英（化名）涉嫌合同诈骗罪，被 Z 县公安局刑事拘留。

我去 Z 县看守所会见孔杰。原来，是一笔 300 万元的资金引发的所谓合同诈骗案。孔杰、萧济（化名）、冯才（化名）、柳明（化名）四人均被刑事拘留，他们是央企下属四级公司聪尚国际贸易有限公司（化名，以下简称聪尚公司）的高管，孔杰是副总经理。

聪尚公司人员和被害人郑洋（化名）、韩喜（化名）等人成立动力材料科技有限公司（化名，以下简称动力公司），双方合作开展铝合金爬架业务。其间，被害人郑洋转账300万元给孔杰指定的银行账号，这些钱流入孔杰前妻谢英银行账户，再流向各处。公安机关据此认为，孔杰、萧济、冯才、柳明、谢英等人涉嫌合同诈骗罪。

不过，对于这300万元，是涉嫌合同诈骗，还是属于企业挂靠费，是属于居间服务合同纠纷，还是民间借贷纠纷，或者股权本金纠纷，存在争议。

会见过后，我坚定作无罪辩护。我向Z县公安局经侦大队办案民警递交取保候审申请书，办案民警收下材料后，表示要提请检察院批准逮捕。于是，我的辩护重点转向检察院。

在多次会见中，我发现孔杰最关心的是前妻谢英能否取保候审。虽然已经离婚，孔杰不希望连累前妻。

我分析说，既然谢英不知情，仅仅参与转账，那么我认为不构成犯罪，很有可能取保候审。

听我这么说之后，孔杰的焦虑感有所缓解。

果然，孔杰前妻谢英在刑事拘留第30天，顺利取保候审。

两度提交法律意见书，争取不批捕

得知公安机关对孔杰提捕，我第一时间联系办案检察官，和检察官沟通，递交《关于孔杰涉嫌合同诈骗罪一案建议不批准逮捕的法律意见书》。

我和检察官说，这300万元属于企业挂靠费，或者是居间服务费，是一种民事行为。动力公司挂靠央企下属四级公司，便于投标，便于承揽业务。

我们认为，孔杰没有虚构事实、隐瞒真相，没有实施合同诈骗行为。孔杰自己有三家公司在正常运营。至于聪尚公司，虽然孔杰挂名担任副总经理，但没有拿过一分钱工资。聪尚公司的实际控制人是萧济。

我们重点提到，聪尚公司人员和郑洋、韩喜等人合作成立动力材料科技有限公司一事，是由萧济亲自洽谈的，孔杰前期没有参与。被害人郑洋转账300万元一事，这300万元有何用处，也是由萧济亲自洽谈的，孔杰没有实质性参与。萧济让孔杰提供一个银行账号。萧济告诉孔杰，账号用于接收郑洋的300万元。孔杰就提供了朋友公司某人力资源服务有限公司的银行账号。为何让孔杰提供账号，而不是由聪尚公司接收300万元？这是考虑到避税的需要。此后，某人力资源服务有限公司账上的300万元被提现，扣掉税款后为291万元，转到孔杰的前妻谢英账号，后按照萧济要求，转回给聪尚公司的子公司。其中，170万元转给聪尚公司子公司某模架公司法定代表人施某，另外121万元转给冯某某，再由冯某某转给某模架公司。

我和检察官说，对于所谓的合同诈骗300万元，孔杰事前、事中均不知情。孔杰对于300万元没有提成，均回转给公司，孔杰没有违法所得。孔杰提供银行账号的动机是替聪尚公司避税，认为自己就是帮聪尚公司走一下账，没有非法占有他人财物的目的，没有合同诈骗犯罪的主观故意，不构成合同诈骗罪。

此后，我继续梳理思路，补充提交法律意见书。

第一，聪尚公司和萧济、孔杰具有开展铝合金爬架业务的经验，并具有履约能力。

聪尚公司于2020年7月受让了某模架有限公司67%的股权，成为某模架有限公司的控股股东。2022年2月某模架有限公司成为聪尚公司的全资子公司。某模架有限公司是一家专业从事建筑工程设备租赁及新材料技术研发的公司，其主要出租及维保的建筑设备就是铝合金爬架。某模架有限公司从2020年6月成立至今开展了大量的建筑工程设备租赁业务，且至今尚在正常运营。

聪尚公司和萧济、孔杰具有开展铝合金爬架业务的经验，并具有履约能力。聪尚公司是央企四级子公司，背靠优质的央企平台，具有较强的资源整合能力。孔杰之前也开展过大量的供应链金融业务，具有供应链金融方面的经验及优势，具备较强的融资能力，有能力推进和履行关于铝合金爬架业务的合作。

第二，动力公司成立后准备开展一系列业务，后因种种原因股东之间发生纠纷。

动力公司成立后租赁了场地、招聘了人员，孔杰、萧济及郑洋也联系准备开展一系列业务，也考察了多地市场。但是因建筑施工市场不景气，加之股东及高管之间的经营理念、管理方法发生冲突，遂导致业务于2021年8月停滞，股东之间发生纠纷。

第三，被害人没有产生错误认识，并非基于错误认识处分财产。

被害人转账300万元之前，已经和萧济反复商谈，并讨论过签订居间服务合同或者借款合同，以规避法律风险。被害人没有产生错误认识，并非基于错误认识处分财产。

除了针对事实进行辩护,我们也想到政策辩护。近年来,全国召开了多次关于民营企业权益的会议,强调要支持民营企业发展,营造法治化制度环境,保护民营企业家人身安全和财产安全。中央多次强调“六稳六保”。孔杰经营三家企业,如果孔杰被长期羁押,公司将陷入困境,甚至可能倒闭,大批员工可能失业。

我们让孔杰经营的三家公司提供情况说明,证明公司经营情况,以及有重大项目需要孔杰善后或洽谈。

经过和检察院多次沟通,检察院在第37天决定不批准逮捕孔杰。孔杰被取保候审,其他人也都被取保候审。

当天傍晚,孔杰家属让我帮忙去看守所接人。我开车去看守所,在门口等待2小时后,终于顺利见到孔杰。孔杰既有紧张的神色,又有紧张过后的轻松心情。

天色已晚,我点了两份外卖,两人在看守所附近吃晚饭。

孔杰吃了几口就不吃了。他说,想尽快离开这个地方。

于是,我开车送他去市区的酒店。

在路上,孔杰终于完全放松下来,谈起自己大学毕业后,怎么白手起家,多次绝地反弹,没想到这次被抓。

我说,一个刑事案件,确实对人影响很大,我们会坚持做无罪辩护。

又被外地公安刑拘,继续无罪辩护

2023年6月,孔杰、冯才、萧济等人又被华东M县公安局刑事拘留,同样是涉嫌合同诈骗罪,涉案金额数百万元。被害人是能量材料科技有限公司(化名,以下简称能量公司)实际控制人苗华(化名)。

M县是华东一个海边城市。接受孔杰家属委托后,时间紧急,我凌晨坐飞机前往M县。此前,孔杰家属已经委托当地的刘律师辩护。我和刘律师见面,同行之间多交流,大家的目标是一致的,尽最大努力维护当事人权益。

我去会见孔杰,撰写《关于孔杰涉嫌合同诈骗罪一案建议不批准逮捕的法律意见书》。第二天,我和刘律师前往M县检察院,和办案检察官沟通。

我们认为,孔杰不构成合同诈骗罪,本案系民事经济纠纷。

第一,聪尚公司和冯才、萧济、孔杰具有开展铝合金爬架业务的经验,并具有履约能力。

第二,聪尚公司、冯才、萧济、孔杰与能量公司、苗华深度合作,开展一系列合作,孔杰付出大量劳动。

聪尚公司于2021年1月受让并认缴了能量公司2010万元的出资,占股67%。冯才担任董事长,被害人苗华担任副董事长。

经冯才、萧济、孔杰等人牵线搭桥,能量公司开展了铝合金爬架买卖、租赁及维保业务,并获得了一定的收益。相关合同和微信聊天记录显示,孔杰付出大量劳动。

孔杰主要负责供应链金融,负责营销推广。孔杰起草了营销手册;做了百度推广;给某模架有限公司融资500万元,其中477万元用于向能量公司购买铝合金爬架;给苗华的劳务公司介绍90万元的爬架劳务业务;多地项目洽谈;联系各公司和能量公司洽谈合作;联系某公司洽谈融资租赁业务。

第三,冯才、萧济、孔杰找能量公司支出钱款,系工资、开展业务和日常管理需要,具有合理性,程序合法,不是合同诈骗金额。

1. 根据 2021 年 11 月各方签署的《债权债务处理及清算协议》,能量公司给冯才、萧济、孔杰已经发放 2020 年 10 月至 2021 年 1 月工资 40 万元,2021 年 2 月至 6 月工资 50 万元未发放。其中,给孔杰共发放了 4 个月工资,为 12 万元,另有 2021 年 2 月至 6 月工资未发,约为 15 万元。

2. 聪尚公司通过某公司给能量公司融资的设备款项,能量公司应付给某公司 21.78 万元服务费,能量公司未支付,此款已由冯才、萧济、孔杰垫付,且设备为能量公司所有。

3. 萧济基于开展业务及日常管理的需要,总计向能量公司预支费用 100 万元,这是萧济和苗华洽谈的,其中 30 万元流向孔杰。孔杰认为这是聪尚公司给他发放的工资,此前聪尚公司答应年薪不低于 100 万元,但一直没发放工资,相关费用都由孔杰自己垫付。

4. 孔杰向能量公司借款 30 万元,用于市场拓展,有发票未冲账。这是正常的借款。

5. 冯才、萧济、孔杰处理各项事宜,让能量公司向某公司以劳务服务费形式支出费用 100 万元。其中,大部分转给冯才、萧济,孔杰本人大约收了 20 万元,孔杰认为这是给他发放的工资。这 100 万元是冯才、萧济和苗华洽谈的。为何让孔杰提供账号,而不是由公司或个人接收 100 万元?这是考虑避税的需要。

6. 孔杰经手的广东某项目数据分析费用 25 万元,合同已签订,发票已开具。这是公司正常的开支。

7. 孔杰经手的开发供应链金融软件开发费用 58.8 万元,软件系为进行融资 3 亿元而进行的开发,软件已对接系统,软件所有权为能量公司所有。这是公司正常的开支。

8. 冯才、萧济、孔杰在能量公司处产生的各种费用29万余元。这是冯才、萧济、孔杰等人在业务开展过程中产生的费用。

第四，苗华和冯才、萧济、孔杰因种种原因发生经济纠纷，苗华派人到某地抢夺价值180万元的铝合金爬架。

冯才、萧济、孔杰等人从能量公司支出款项后，部分用于聪尚公司、某模架有限公司，这是为了整合各家公司内部资源。

苗华和冯才、萧济、孔杰的经营理念、管理方法发生冲突，发生民事纠纷。某模架有限公司放在某地的铝合金爬架，被苗华派人抢走，价值180万元，某模架有限公司已经报警。

第五，苗华没有产生错误认识，并非基于错误认识处分财产，且该财产并非为苗华所有，而是为能量公司所有。

苗华名义上为被害人，但并非实际的被害人，所有钱款均由能量公司支出。能量公司的业务，基本由冯才、萧济、孔杰等人牵线搭桥促成，营业额由此产生，尤其是477万元的订单。苗华没有产生错误认识，很清楚做生意的风险，并非基于错误认识处分财产。

第六，苗华和冯才、萧济、孔杰等人已经签署债权债务处理及清算协议，可以通过民事诉讼解决问题，不需要上升到刑事手段打击。

苗华和冯才、萧济、孔杰等人签署的债权债务处理及清算协议显示，各方的债权债务一笔勾销，冯才、萧济、孔杰给能量公司在符合融资条件的前提下进行融资，融资额度为5000万~1亿元人民币，融资成本不高于市场行情。

该条款强调，是在符合融资条件的前提下进行融资，换言之，是附条件的许诺，是尽力促成，而非承诺一定能融资到位。

债权债务处理及清算协议显示，如产生争议，各方应友好协商,协商不成的,可向当地法院提起诉讼。

换言之,本案完全可以通过民事诉讼解决,不需要上升到刑事手段打击。

第七,要依法保护企业家的人身自由和财产权利,要坚决防止利用刑事手段干预经济纠纷。

近年来,国家三令五申要依法保护企业家的人身自由和财产权利。要严格执行刑事法律和司法解释,坚决防止利用刑事手段干预经济纠纷。坚持罪刑法定原则,对企业家在生产、经营、融资活动中的创新创业行为,只要不违反刑事法律的规定,不得以犯罪论处。严格非法经营罪、合同诈骗罪的构成要件,防止随意扩大适用。对于在合同签订、履行过程中产生的民事争议,如无确实充分的证据证明符合犯罪构成的,不得作为刑事案件处理。严格区分企业家违法所得和合法财产,没有充分证据证明为违法所得的,不得判决追缴或者责令退赔。严格区分企业家个人财产和企业法人财产,在处理企业犯罪时不得牵连企业家个人合法财产和家庭成员财产。

本案属于在合同签订、履行过程中产生的民事纠纷,不应上升到刑事手段打击。要依法保护企业家的人身自由和财产权利,要坚决防止利用刑事手段干预经济纠纷。

检察官态度客气,认真听取我们的观点,多次交换意见。

2023 年 7 月,M 县检察院决定对孔杰不批准逮捕。

至此,孔杰两次被刑事拘留,经过我们无罪辩护,均被检察院不批准逮捕。这就是两抓两放。

2023 年 10 月 23 日

12亿元项目背后

近年来,“受贿行贿一起查”,成了一个反腐热词。

我的当事人赵赫(化名),涉嫌非国家工作人员受贿罪,最初涉案金额280万元。我们研究后认为,其中100万元是正常的居间介绍费,30万元是未还的民间借贷。我们认为,当事人有立功表现。经过努力辩护,关于金额和立功的意见均被采纳。最终,华东K县法院认定赵赫非国家工作人员受贿金额为150万元,综合各种情节,宣告缓刑,判处有期徒刑3年,缓刑4年。

12亿元融资项目

赵赫大学毕业后,先后在大型证券公司、信托公司、银行担任客户经理、证券经纪人、营销经理、投资经理。

2015年,赵赫入职某大型信托公司,担任中级投资经理。通过朋友介绍,赵赫认识了中介方齐晟(化名)。朋友告诉赵赫,齐晟有一定的社会资源。

齐晟说,Y市国企交通产业集团公司有融资需求,这个项目信托公司能否做?

赵赫说,公司只对房地产融资,对国企融资这方面还没有开闸。

齐晟说,我和Y市交通产业集团公司领导关系不错,可以给你们比较有吸引力的融资条件，我和Y市领导关系也不错。事成之后，会好好感谢你。

赵赫刚入职，也想搞点业绩，想把业务做成。

很快地，齐晟约了赵赫，跟Y市交通产业集团公司董事长吃饭。

吃饭期间，赵赫发现，齐晟和该董事长关系不一般。

赵赫更加觉得齐晟有资源，以后也可以帮助自己。于是，赵赫向信托公司领导汇报、推荐这个融资项目。

此后，交通产业集团公司把Y市欠公司的20多亿元应收账款，质押给赵赫所在的信托公司，让Y市城投公司也对该笔融资提供担保。该笔融资总金额12亿元。

其间，赵赫所在的信托公司风控部门多次退回该融资项目，理由是该信托公司对国企融资业务尚未开放。赵赫又多次去信托公司汇报项目可行性，积极推动项目落地。数月后，信托公司终于同意，分4次放款，年化利率约为11%。

不下雨为何打雨伞

2015年12月，融资项目落地成功后的一个晚上，齐晟打电话给赵赫，约在一个地方见面。

到了地方之后，赵赫联系齐晟，齐晟又换到一个高尔夫俱乐部门外几百米的地方见面。

赵赫停车以后，发现齐晟就在几十米开外。齐晟打了一把黑色雨伞，戴了一副手套。

赵赫当时很奇怪，那天不下雨，为何打雨伞。后来再想，估计是齐晟害怕附近有监控。

齐晟见面就说，我去过交投，我让他们财务取的现金，我没要连号，没要新钞，都是旧钞，都在交投清点过了，我先拿了一部分，下面还会再安排。在车前方的垃圾桶旁有个袋子，你自己去拿，拿到之后尽快把袋子扔掉。

赵赫预感是好处费，拿到袋子，上车打开一角，全是一百元面值的现金。回家以后细数，有 100 万元现金，都是 10 万元一捆，一共 10 捆。

赵赫知道这是"潜规则"。齐晟作为中介方，依靠手里的资源，项目落地之后都有高额的中介费。这个 12 亿元项目落地之后，按照行业一般的中介费率 1%，至少有 1200 万元中介费。他吃肉我喝汤，赵赫认为这是自己应得的，还给少了。

2016 年 8 月，齐晟又打电话给赵赫，约在一个小区门口见面。齐晟戴着墨镜，从香槟色的玛莎拉蒂车里，拿出一个类似用来装鞋的袋子，说，Y 市的事情到此结束。赵赫知道里面是钱，回家后细数是 50 万元。

这是赵赫涉嫌犯罪的一些片段。

监视居住期间会见不易

2022 年 3 月，赵赫涉嫌非国家工作人员受贿罪，被华东 K 县公安局监视居住。

接受委托后，我第一时间和办案民警沟通，希望能会见赵赫。沟通的气氛很和谐，但就是见不到当事人。民警先说他们是配合监委办案，能否会见要和监委沟通，又说疫情原因无法会见。我直接去公安局负责人办公室,仍未解决。

于是,我一方面向当地检察院反映,申请法律监督;另一方面,向律师协会反映,希望维护律师执业权利。

2022 年 4 月底,经过努力,赵赫被取保候审。

协助抓捕争取立功

2022 年 11 月的一天,赵赫正在家中。办案民警给赵赫打电话,说在犯罪嫌疑人赵晓波(化名)小区楼下,没发现他的车辆,不知道人在哪里,希望赵赫能够装作正常的语气,打电话问赵晓波在哪里。

赵赫立即打电话给赵晓波,并且在微信上同赵晓波保持聊天,获取赵晓波的位置。在得知赵晓波即将前往的地点后,赵赫立刻将这一信息反馈给办案民警。办案民警根据赵赫提供的信息,抓捕到赵晓波。

我们认为,赵赫协助司法机关抓捕其他犯罪嫌疑人,有立功表现,可以从轻或减轻处罚。

检察官一开始认为不构成立功,经过我们多次沟通,最终还是认可。

大幅降低涉案金额

2022 年 12 月,赵赫再度被公安机关刑事拘留。2023 年 1 月,被检察院批准逮捕。

我们从两大方面着手,一方面认为涉案金额不是 280 万元,而是150万元,应当扣掉100万元居间介绍费和30万元民间借贷款;另一方面愿意退赃,从而尽力争取取保候审。

2016年年底,齐晟打电话给赵赫说,我现在和J公司关系比较好,他们也想搞一笔融资,你们信托公司肯定是做不起,你看看能不能找找其他金融机构推荐一下?

赵赫说,我亲戚赵晓波刚入职H银行,他们银行去年刚落地一个产业基金的项目,我可以帮你介绍。

几天后,赵赫把齐晟、赵晓波约出来,谈谈业务能不能做。此后,齐晟和赵晓波单线联系,有时候他们会叫赵赫出来劝解。中间怎么谈条件的,赵赫并不过问。最后,融资金额为20多亿元。

令人啼笑皆非的是,赵晓波曾经打电话给赵赫说,齐晟这个人是个老江湖,拿他的钱会出事。而齐晟也打电话给赵赫说,赵晓波以后会出事,给他钱会连累到自己。

项目落地后,齐晟给了赵赫100万元现金。我们认为,这是正常的居间介绍费,没有利用职务便利,不能认为是非国家工作人员受贿款。

至于30万元,是赵赫为了买房找齐晟借的,是正常的民间借贷款。赵赫的想法是一码归一码,不想让齐晟认为他人品有问题,后来经济确实困难了,没有能力归还,也和齐晟讲过这些情况,齐晟说可以缓一缓。

经过和检察官多次沟通,这些观点被采纳。紧接着,沟通退赃、取保候审事宜。家人代为退赃后,赵赫再度被取保候审。

赵赫和我说,小时候家里穷,长大后有一种自卑心理,有钱就乱花。进去后,才发现是一场空。这次出来后,要调整心态,重新开始。

2023 年 12 月底,华东 K 县法院对赵赫宣告缓刑。

2024 年 2 月 17 日

链接　“雅贿”进化论

江苏常州原市委常委、政法委书记孙某一审获刑 7 年,法院认定,在他受贿的 83 万元中,10 幅字画价值就达 52 万元。

南京市鼓楼区住建局原副局长高某收受了一些开发商的钱财后,返还给行贿人一些山水画、和田玉挂件,把受贿行为包装成“艺术品交流”。

近年来,随着公职人员“安全意识”的提高,现金行贿过于赤裸,“雅贿”和“逆向雅贿”成为一种新型动向,行贿物品向字画、玉器、瓷器、高档摄影器材、EMBA 班等不断“进化”。随之,公职人员的刑事法律风险也不断升级换代。

古董字画是“雅贿”的“通行证”

“被告人,请你考虑清楚再回答,你和刘某之间的关系到底是受贿与行贿的关系,还是买卖关系?”

2014 年 8 月 18 日,南京市鼓楼区法院,正在开庭审理鼓楼区住建局原副局长高某受贿案。

高某辩解:“刘某第一次给我 5 万元,我给他 4 幅山水画。第二次又给我 5 万元,我给他 3 块和田玉挂件。山水画和和田玉挂件的价值都在 5 万元上下，属于等值交换，所以我认为，我和刘某的关系是买卖关系。”

随后，高某又说，刘某送他钱，他送刘某字画与和田玉挂件，正好“对冲”，他不认为这是受贿。

公诉人向法庭提供了价格鉴定书。4 幅书画作品的价值约为 0.96 万元，和田玉挂件的价值约为 1.2 万元。两者价值与高某所声称的“价值都在 5 万元上下”存在很大差距，“对冲”的说法站不住脚。

高某这种“逆向雅贿”的行为，具有一定程度的迷惑性。

这在另一起官员受贿案中也出现过。

江苏省新闻出版局原副局长蒋某爱好书画，有一连串头衔，比如，中国书画家联谊会会员，江苏省书法研究院特聘书法家，江苏省公务员书法家协会副主席，江苏省甲骨文学会常务理事等。

蒋某不仅喜欢在微博推介他的书法作品，还专门建立了个人网站，主要用来售卖他的书法作品。他的书法作品成为利益输送的中介与载体。

蒋某在江苏徐州市委常委、睢宁县委书记任上，送了开发商王某一幅画作，王某以“润笔费”名义回馈 5 万元，行权钱交易之实。

而更多的雅贿，是行贿人给官员送字画，送稀有、昂贵的字画。这也被称为“雅贿”。

2004 年下半年，开发商李某送给时任江苏常州市委政法委书记孙某两幅书法作品，经鉴定价值 10 万元。2005 年春节，李某送给孙某一幅绘画作品，价值 30 万元。此后孙某又收受李某赠送的多幅书法作品。2013 年春节前，孙某还收受了李某送的一幅绘画作品。据统计，孙某收受的 10 幅字画，价值共达 52

万元。

落马的海南省副省长谭某爱好古玩、字画，托他办事，他一般不直接收钱，而是接受“雅贿”。

落马的安徽省原副省长倪某某也收受过价值 1200 万元的玉石。倪某某对玉石的狂热不能自已：看电视、看书，玉不离手；穿得多时，脖子上还要戴上一个玉石挂件；每到周末，把喜欢的玉石玉器铺开，一件一件欣赏；每隔两周，给精品玉石玉器逐一打蜡、上油。到外地出差，再忙也要挤时间到当地的玉器市场或商场看一看，随身携带小电筒、放大镜。

字画、玉器、瓷器，是“雅贿”的抢手货、通行证。

北京市纪委一位官员曾称：“在近几年我们调查的官员受贿案件中，以价值而论，古董字画等艺术品已经超过房产成为排名第一的类别，而房产排第二，第三则是各类小件奢侈品。”

“雅贿”价格认定难，但并非“无法认定”

为何古董字画成为一些行贿受贿案件的大小角色？

主要有两大原因：

第一，大量的受贿案件中，都包含了现金、房产、古董字画等，古董字画作为受贿的“有机组成部分”而出现。

几年前，重庆市前公安局局长文某被捕，在他的赃物展示会上，人们看到了 36 件现代工艺品、9 件文物、69 幅字画，其中包括张大千的《青山绿水》，被鉴定为价值 364 万元。

辽宁省沈阳市原市长慕某某落马之后，仅在他的房子里，就整理出古董字画和工艺品近 400 件。

浙江省海宁市原副市长马某某落马，从他家里搜出 5 箱名人字画、古瓷、古玉。

浙江省丽水市建设局原副局长邹某某被称为“藏宝局长”，他家 40 平方米的地下室内藏有大量古瓷、古玉、名画。

浙江省温州市公安局鹿城分局原局长王某某，被查获书画 195 件，古代瓷器和西方艺术品 27 件，文物、石头等 1000 多件，其中包括齐白石的画、19 世纪法国的座钟、乾隆年间的花罐……

第二，这些古董字画一方面有升值空间，另一方面却比现金更隐蔽，价值不透明，有操作空间。

与收钱相比，官员收取古玩之类的物品“心理压力小”，事发后还能找一些借口，比如，因兴趣爱好馈赠、不知道实际价值。

即使案发了，也存在过于专业，价格认定难的问题。

但是，价格认定难并不等同于无法认定，更不意味着不会被追究刑事责任。司法机关会委托有资质的专业鉴定机构，对涉案物品进行鉴定。

新的“雅贿”层出不穷

除了古董字画，新的“雅贿”形式层出不穷。比如，摄影器材。

2014 年 9 月 21 日，河南省人大常委会党组书记、副主任秦某某涉嫌严重违纪违法，接受组织调查。除了主政河南省公安厅 9 年，秦某某“中国摄影家协会理事、河南省摄影家协会名誉主席”的身份引人注目。

动辄数十万元的相机，是从哪里来的？2011 年 7 月，秦某某在接受《中国摄影家杂志》访谈时坦承,摄影器材由“他人”提供帮助。据了解,这个“他人”是一位在当地很有名的商人。

再如,近年势头甚猛的各种EMBA班。如果自掏腰包上EMBA班,无可争议,有助于理论和实践结合,提高管理水平。但有的时候,是商人掏腰包,官员走过场。官员获得了所谓的学历,却埋下了隐患,EMBA学费也是受贿的一种形式。

2014年7月31日,中央党的群众路线教育实践活动领导小组、中共中央组织部、教育部联合发文,严禁党政机关、国有企业事业单位领导干部参加高收费培训项目,已经参加的也要立即退出。

以上种种“雅贿”,万变不离其宗,本质上仍是钱权交易,这是公职人员要重点防范的刑事法律风险。

【风险提示与防范】

1. 贿赂犯罪中收受的“财物”,包括货币、物品和财产性利益。财产性利益包括可以折算为货币的物质利益如房屋装修、债务免除等,以及需要支付货币的其他利益如会员服务、旅游等。后者的犯罪数额,以实际支付或者应当支付的数额计算。

2. 互相赠送等值的礼物不构成犯罪,但价值悬殊就可能涉嫌犯罪。

3. 收受财物后,及时退还给对方的,不是受贿。及时回赠等值财物的,不是受贿。及时上交廉政账户或相关单位的,不是受贿。时隔多日才发现收受财物,及时退还或上交的,不是受贿。因自身或者有关人、事被查处,为掩饰犯罪而退还或上交的,仍认定为受贿罪。

4. 以明显低于市场的价格向请托人购买房屋、汽车等物品的，以明显高于市场的价格向请托人出售房屋、汽车等物品的，都是受贿。受贿数额按照交易时当地市场价格与实际支付价格的差额计算。

2018 年 7 月 16 日

链接　公职人员受贿法律风险防控指南

“穿着草鞋觅铁鞋，脱掉草鞋换皮鞋，踏破旧鞋得锦绣，换上新鞋成囚徒。”作家丁捷在反腐纪实文学《追问》中讲了一个关于“鞋子”的顺口溜，鞋子背后就是一个官员从贫寒中崛起、在受贿中坠落的过程。

官员受贿的历史变幻着面貌，在反复重演。本文以案说法，厘清受贿的类型，揭示其中的风险，希望对公职人员有所警醒，有所帮助。

贿赂犯罪中收受的“财物”，包括货币、物品和财产性利益。财产性利益包括可以折算为货币的物质利益如房屋装修、债务免除等，以及需要支付货币的其他利益如会员服务、旅游等。后者的犯罪数额，以实际支付或者应当支付的数额计算。

除了直接收受财物，受贿类型还分为交易型受贿、干股型受贿、合作投资型受贿、委托理财型受贿、赌博型受贿、特定关系人受贿等。

一、交易型受贿

【案例】

2015年4月7日，山东省烟台市中级人民法院公开宣判南京市人民政府原市长季某某受贿案，认定被告人季某某犯受贿罪，判处有期徒刑15年，并处没收个人财产200万元。经审理查明，1999年年底至2012年9月，季某某本人或者通过其特定关系人，通过接受他人提供的装修，低价购买别墅、墓地等方式，先后21次非法收受徐某、张某、朱某等7人给予的财物，共计折合人民币1132万余元。

其中，1995年2月至2011年9月，季某某先后利用担任吴县县委副书记、南京市市长的职务便利，接受苏州市吴中经济开发区党工委书记张某的请托，为其谋取利益，2010年6月，季某某通过张某某，以明显低于市场的价格在吴中区某某墓区购买墓地一块，获取差价收益人民币50万余元。据媒体报道，153平方米的墓地，季某某仅交了2万元。

【法条】

《最高人民法院、最高人民检察院关于办理受贿刑事案件适用法律若干问题的意见》第1条

国家工作人员利用职务上的便利为请托人谋取利益，以下列交易形式收受请托人财物的，以受贿论处：

（1）以明显低于市场的价格向请托人购买房屋、汽车等物品的；

（2）以明显高于市场的价格向请托人出售房屋、汽车等物

品的；

(3)以其他交易形式非法收受请托人财物的。

受贿数额按照交易时当地市场价格与实际支付价格的差额计算。

前款所列市场价格包括商品经营者事先设定的不针对特定人的最低优惠价格。根据商品经营者事先设定的各种优惠交易条件，以优惠价格购买商品的，不属于受贿。

【风险提示】

1. 等价有偿的公平原则，是财产性民事活动中交易双方自觉遵守的原则。国家工作人员利用职务上的便利，为请托人谋取利益，主动提出或者应允以低买高卖的形式，与请托人进行非正常的大宗贵重商品交易，比如房屋、汽车，从中赚取差价且数额较大。这种以交易形式掩盖非法收受贿赂的行为定性为交易型受贿。以太低的价格购买物品，以太高的价格出售物品，背后可能就是钱权交易。

2. 如果优惠条件是商家事先设定的、针对社会不特定人的，则不属于受贿。“不特定”不等于“面向社会公众”，如将优惠范围划定为本单位员工，甚至是面向“本市所有机关工作人员”这种“定向优惠”，都不属于受贿。如果以公权力为交换条件，参与商家为其特设的优惠条件，则属于交易型受贿。

二、干股型受贿

【案例】

1999年至2017年，黄某利用先后担任江苏泰州市公路管理处处长助理、副处长、处长、泰州市交通运输局副局长、泰州市泰政交通投资有限公司董事长、泰州市交通产业集团有限公司董事长等职务的便利,在工程承接、工程款拨付等方面为上海某公司南京分公司等单位和个人谋取利益,在其家中、办公室等地,先后索取或收受上述有关单位负责人杨某等人所送的财物总计价值人民币223万余元,包括价值25万余元的泰州市某工程监理有限公司49%的股份。

法院认为,周某提议成立某工程监理公司,由黄某关照公司业务,其送新成立公司49%的股份给黄某的主观故意明确,黄某也欣然同意,并积极为公司起名字,以杨某的弟媳吴某的名义代持股份。在2004年某工程监理公司注册成立后,黄某收受某公司股份的行为已经完成,虽尚未实际参与公司分红,并不影响对其受贿犯罪的认定;公诉机关以周某出资份额52万元的49%作为黄某受贿数额,是从有利于被告人的角度就低认定;公司有无实际分红只影响对被告人黄某受贿孳息的认定,不影响受贿犯罪的认定。

2018年3月,泰州市中级人民法院判决,被告人黄某犯受贿罪,判处有期徒刑10年3个月,并处罚金人民币100万元。

【法条】

《最高人民法院、最高人民检察院关于办理受贿刑事案件适用法律若干问题的意见》第2条

干股是指未出资而获得的股份。国家工作人员利用职务上的便利为请托人谋取利益,收受请托人提供的干股的,以受贿论处。进行了股权转让登记,或者相关证据证明股份发生了实际转让的,受贿数额按转让行为时股份价值计算,所分红利按受贿孳

息处理。股份未实际转让，以股份分红名义获取利益的，实际获利数额应当认定为受贿数额。

【风险提示】

1. 干股有管理干股、技术信息干股、员工干股，这些是薪酬方式、激励机制，是《公司法》所认可的。但是，权力干股则是公司无偿赠送给国家工作人员或者其特定关系人的股份，本质上是权钱交易。

2. 根据《全国法院审理经济犯罪案件工作座谈会纪要》的规定，涉及股票受贿案件的认定：(1) 国家工作人员利用职务上的便利，索取或者非法收受股票，没有支付股本金，为他人谋取利益，构成受贿罪的，其受贿数额按照收受股票时的实际价格计算。(2)行为人支付股本金而购买较有可能升值的股票，由于不是无偿收受请托人财物，不以受贿罪论处。(3)股票已上市且已升值，行为人仅支付股本金，其“购买”股票时的实际价格与股本金的差价部分应认定为受贿。

三、合作投资型受贿

【案例一】

2004 年 5 月，朱某注册成立某公司，专门用于为相关国家工作人员输送利益。其中，朱某代南京市人民政府原市长季某某出资人民币 50 万元，占该公司 10% 的股份。为隐瞒真相，朱某向高某建议由徐某代为挂名持股。至 2008 年 9 月，该公司在朱某代操纵下，开展三笔经营业务，盈利 960 万元。2006 年 1 月至 2008 年 9 月，朱某先后 4 次以分红为名通过徐某送给季某某人民币共计90万元。2008年9月,该公司注销时,朱某将其代为出资的50万元本金亦通过徐某一并送给季某某。上述款项均由徐某按照季某某、季某某妻子高某的授意保管、经营。

【案例二】

2006年10月至2015年7月,裴某某在担任江苏徐州某服务站站长期间,利用职务上的便利,决定将该服务站管理的某某加油站承租给张某某,其与该服务站会计李某某提出入股加油站,并为张某某在承租及经营该加油站过程中谋取利益。其间,裴某某与李某某均以其亲属名义与张某某签订合作经营某某加油站的协议。2007年至2015年,裴某某以投资合作为名,在未实际投资和参与经营管理及工作的情况下,索要或非法收受张某某以分红、工资等名义给予的钱款共计人民币272万余元。

2017年7月,徐州市云龙区人民法院判决,被告人裴某某犯受贿罪,判处有期徒刑8年6个月,并处罚金人民币120万元。

【法条】

《最高人民法院、最高人民检察院关于办理受贿刑事案件适用法律若干问题的意见》第3条国家工作人员利用职务上的便利为请托人谋取利益,由请托人出资,“合作”开办公司或者进行其他“合作”投资的,以受贿论处。受贿数额为请托人给国家工作人员的出资额。

国家工作人员利用职务上的便利为请托人谋取利益,以合作开办公司或者其他合作投资的名义获取“利润”,没有实际出资和参与管理、经营的,以受贿论处。

【风险提示】

1. 公职人员以“合作”名义参与分红分为几种情况:一是虚

假出资、虚假合作，即公职人员既未实际出资，也未参与公司经营、管理，却分得“利润”，所获“利润”数额即为受贿数额。二是虚假出资、真实合作，即公职人员实际上自己未出资，而由请托人出资，与收受干股的情况类似，出资额应当认定为受贿数额，“利润”作为受贿的非法孳息。三是真实出资、超额分红，公职人员超出出资份额分得利润，超出的部分认定为受贿数额。四是由请托人垫资，即公职人员以请托人垫资的形式“合作”，不参与经营、管理，并分得“利润”。对此需要根据具体情况综合判断，如有无正当垫资理由，双方平时关系和往来；垫资方是否有请托；公职人员是否利用职务便利为请托人谋取利益；垫资后是否有归还的意思表示和行为，是否有归还能力等。

2. 认定合作投资型受贿的关键在于，公职人员是否有实际出资行为。

3. 根据《公务员法》的规定，公务员不得从事或者参与营利性活动，不得在企业或者其他营利性组织中兼任职务；公务员辞去公职或者退休的，原系领导成员的公务员在离职 3 年内，其他公务员在离职 2 年内，不得从事与原工作业务直接相关的营利性活动。

四、委托理财型受贿

【案例】

2010 年至 2014 年，葛某利用其担任江苏省盱眙县国土资源局副局长分管地质矿山方面工作等职务便利，为王某、侍某经营采石场谋取利益，非法收受二人所送的购物卡、黄金、现金等共计折合人民币 50 万余元。

其中,2011年王某经营采石厂有资金困难,便委托盱眙县国土资源局工作人员薛某向被告人葛某借钱,再以付利息的方式感谢葛某对其办理延期开采以及平时采矿中的帮助。2011年4月薛某到葛某家中从葛某妻子手中取得现金20万元,并出具欠条,未约定借款期限及利息。至2013年7月,葛某共收到王某给付的人民币22万元,其中合理范围内利息为16.2万元,受贿部分为5.8万元。

法院认为,王某在侦查阶段及法院核证时,均证明其当时资金紧张确实需要用钱,也想通过借款付高额利息的方式变相给葛某送钱,感谢葛某对其采石厂提供的帮助。对王某付给葛某的利息人民币22万元,既要客观分析民间借贷付息的部分,也应当考虑行贿的因素。法院认为,以年利率36%计算葛某民间借贷应得利息,超出部分认定为受贿数额。即葛某借款20万元给王某使用27个月,应得利息为16.2万元(20万元×36%/12个月×27个月),超出部分5.8万元(22万元-16.2万元)应当认定为受贿数额。

2017年11月,江苏盱眙县人民法院判决,被告人葛某犯受贿罪,判处有期徒刑3年6个月,并处罚金人民币22万元。

【法条】

《最高人民法院、最高人民检察院关于办理受贿刑事案件适用法律若干问题的意见》第4条

国家工作人员利用职务上的便利为请托人谋取利益,以委托请托人投资证券、期货或者其他委托理财的名义,未实际出资而获取"收益",或者虽然实际出资,但获取"收益"明显高于出资应得收益的,以受贿论处。受贿数额,前一情形,以"收益"额计算;后一情形,以"收益"额与出资应得收益额的差额计算。

【风险提示】

投资获利是一种正当的民事活动行为,如果是假借投资形式进行“权钱交易”的行贿受贿行为,以合法形式掩盖非法目的,为法律所禁止。

五、赌博型受贿

【案例】

2010 年 1 月至 2013 年 7 月,王某在担任安徽省安庆市委常委、副市长,桐城市委书记,池州市委副书记期间,利用职务便利,收受安徽某酒业有限公司法定代表人张某等多家个人及单位人民币 141.8 万元、1.8 万英镑、7.5 万美元以及购物卡 1.5 万元、黄金和其他贵重物品,总价值 161 万余元,并为他们谋取利益。王某还违规接受 2 名私营企业主礼品,长期参与赌博。

【法条】

《最高人民法院、最高人民检察院关于办理赌博刑事案件具体应用法律若干问题的解释》第 7 条

通过赌博或者为国家工作人员赌博提供资金的形式实施行贿、受贿行为,构成犯罪的,依照刑法关于贿赂犯罪的规定定罪处罚。

注意:实践中应注意区分贿赂与赌博活动、娱乐活动的界限。具体认定时,主要应当结合以下因素进行判断:(1)赌博的背景、场合、时间、次数;(2)赌资来源;(3)其他赌博参与者有无事先通谋;(4)输赢钱物的具体情况和金额大小。

【风险提示】

1. 公职人员参与赌博的有三种情况:一是以营利为目的的,

聚众赌博，涉嫌赌博罪；二是以赌博为幌子，收受请托人故意赌输的赌资，数额较大，涉嫌受贿罪；三是不以营利为目的，进行带有少量财物输赢的娱乐活动，不构成犯罪。

2. 赌博型受贿有三种情形：一是虚假赌博，国家工作人员与请托人互相赌博，请托人故意通过只输不赢或者多输少赢的方式，间接向国家工作人员提供财物，对此双方知情；二是提供赌资；三是合伙赌博分红，国家工作人员不参与赌博，名义上出资，由请托人出资进行赌博，赢了分红，输了由请托人自己承担。

六、挂名领取薪酬型受贿

【案例】

张某利用先后担任山东省淄博市社会劳动保险事业处业务一科副科长、业务二科副科长的职务便利，非法收受他人贿赂共计 145，015 元，并为他人谋取利益。

其中，2009 年至 2015 年，张某利用职务便利，要求辖区业务单位山东某机电股份有限公司为其妻子苏某安排工作。该公司为苏某办理入职手续后，苏某从未实际到该公司工作。该公司仍为苏某持续缴纳了 2009 年至 2015 年社会保险费用，共计 97，015 元。

山东省淄博市博山区人民法院以受贿罪判处被告人张某有期徒刑 1 年 9 个月，并处罚金人民币 14 万元；赃款依法予以没收，上缴国库。2016 年 9 月，淄博市中级人民法院驳回上诉，维持原判。

【法条】

《最高人民法院、最高人民检察院关于办理受贿刑事案件适

用法律若干问题的意见》第 6 条

国家工作人员利用职务上的便利为请托人谋取利益,要求或者接受请托人以给特定关系人安排工作为名,使特定关系人不实际工作却获取所谓薪酬的,以受贿论处。

【风险提示】

1. 特定关系人,是指与公职人员有近亲属、情妇(夫)以及其他共同利益关系的人,如司机等。

2. 公职人员要求或者接受他人为特定关系人安排工作的情形有三种:一种是特定关系人"挂名"领取薪酬,没有提供对应的劳动,与直接收受财物没有实质区别,应以受贿论处;二是特定关系人到单位就业后提供了正常的工作,并按单位一般标准领取薪酬的,由于工作机会不属于受贿罪中的"财物",不能认定为受贿罪;三是特定关系人虽然在单位实际工作,但领取的薪酬明显高于正常薪酬水平,属于变相受贿。但是,如何认定受贿数额,在实践中有一定的难度和争议。

七、特定关系人型受贿

【案例】

自 2003 年年底至 2004 年 3 月,季某某利用担任扬州市市长的职务便利,接受朱某的请托,为某公司谋取利益。自 2007 年 10 月至 2010 年 6 月,季某某先后两次接受某公司提供的家庭装修,价值人民币 21 万余元;通过特定关系人祝某收受朱某给予的现金人民币 13 万元,共计人民币 34 万余元。

2006 年 3 月,季某某利用担任扬州市委书记的职务便利,接受特定关系人祝某的请托,在祝某事先明确告知有好处费的情况下,帮助某公司承揽空调项目,事后由祝某收受韦某所送人民币 7 万元。

【法条】

《最高人民法院、最高人民检察院关于办理受贿刑事案件适用法律若干问题的意见》第 7 条

国家工作人员利用职务上的便利为请托人谋取利益,授意请托人以本意见所列形式,将有关财物给予特定关系人的,以受贿论处。特定关系人与国家工作人员通谋,共同实施前款行为的,对特定关系人以受贿罪的共犯论处。特定关系人以外的其他人与国家工作人员通谋,由国家工作人员利用职务上的便利为请托人谋取利益,收受请托人财物后双方共同占有的,以受贿罪的共犯论处。

【风险提示】

1. 非国家工作人员是否构成受贿罪共犯,取决于与国家工作人员有无共同受贿的故意和行为。

2. 国家工作人员的近亲属向国家工作人员代为转达请托事项,收受请托人财物并告知该国家工作人员,或者国家工作人员明知其近亲属收受了他人财物,仍按照近亲属的要求利用职权为他人谋取利益的,对该国家工作人员应认定为受贿罪,其近亲属以受贿罪共犯论处。

八、未变更权属型受贿

【案例】

2010 年 6 月,季某某之女季某要求季某某为其购买一辆奥迪车,季某某未同意,高某向朱某提议借一辆汽车给季某使用,季

某某表示车辆价值不能超过20万元。朱某安排某集团下属的公司将一辆待售的美国产道奇牌汽车办理了车辆登记手续，并送给季某。2011年9月，季某丈夫杜某单位为其配备了一辆公车，二人同时还拥有丰田牌私家轿车一辆。2013年，朱某得知季某某可能被调查后，向季某索回车辆。该车价值人民币23万余元。法院认定该23万余元属于受贿。

【法条】

《最高人民法院、最高人民检察院关于办理受贿刑事案件适用法律若干问题的意见》第8条

国家工作人员利用职务上的便利为请托人谋取利益，收受请托人房屋、汽车等物品，未变更权属登记或者借用他人名义办理权属变更登记的，不影响受贿的认定。

认定以房屋、汽车等物品为对象的受贿，应注意与借用的区分。具体认定时，除双方交代或者书面协议之外，主要应当结合以下因素进行判断：(1)有无借用的合理事由；(2)是否实际使用；(3)借用时间的长短；(4)有无归还的条件；(5)有无归还的意思表示及行为。

【风险提示】

未变更权属登记或者借用他人名义办理权属变更登记的，不影响受贿的认定。

九、离职后收受财物型受贿

【案例】

李某，先后任广东省深圳市发改委城市发展处处长和市投资

推广署副署长,2014 年 5 月辞去公职。2016 年 8 月,深圳某市政工程项目对外招标。某公司董事长林某为顺利中标,找到李某帮忙协调关系,并承诺事后予以感谢。李某答应,并找负责这项工作的贾某(另案处理)帮忙,表示事后予以感谢。随后,贾某帮助林某公司中标,林某也按事先商量好的金额给予李某"好处费"。2017 年年底,李某因利用影响力受贿被开除党籍,并被移送司法机关依法处理。

【法条】

《最高人民法院、最高人民检察院关于办理受贿刑事案件适用法律若干问题的意见》第 10 条

国家工作人员利用职务上的便利为请托人谋取利益之前或者之后,约定在其离职后收受请托人财物,并在离职后收受的,以受贿论处。

国家工作人员利用职务上的便利为请托人谋取利益,离职前后连续收受请托人财物的,离职前后收受部分均应计入受贿数额。

【风险提示】

1. 公职人员约定在其离职后收受请托人财物,并在离职后收受的,以受贿论处。

2. 公职人员在离职后,凭借在职时的影响力,索取或收受请托人财物,为其谋取不正当利益的,涉嫌利用影响力受贿罪。

2018 年 11 月 10 日

雪茄阴影

卖香烟要办烟草专卖许可证，卖雪茄要不要办证？同样也要。

施晓飞（化名）是个社交达人，喜欢抽雪茄，顺便卖卖，没想到犯罪了，涉嫌非法经营罪。案件移送北方J县检察院审查起诉后，施晓飞委托我们辩护。

2022年12月，正值新冠疫情期间，我出差去J县检察院沟通案情。回南京后，就感染了，持续了一个多星期。

数额降到25万元以下

基本案情是，2020年7月至8月，施晓飞在未办理烟草专卖许可证的情况下，利用微信号向李某某非法销售雪茄。

根据《最高人民法院、最高人民检察院关于办理非法生产、销售烟草专卖品等刑事案件具体应用法律若干问题的解释》第3条之规定，非法经营烟草专卖品，非法经营数额在5万元以上，为"情节严重"，非法经营数额在25万元以上，为"情节特别严重"。

换言之，非法经营数额25万元是一道坎，25万元以下可能判处5年以下有期徒刑或者拘役，25万元以上可能判处5年以上有期徒刑。

当务之急是全面审查证据，尽力降低数额，为争取缓刑打基础。

好在,经过努力,检察院认定非法经营数额为24.64万元,低于25万元。

第一次感染新冠

俗话说,“天上的龙肉,地上的驴肉”,J县以驴肉闻名。

施晓飞说,既然来了,就一起尝尝驴肉。

我们在大棚里,大块吃肉。北方空气冷冽,饮食粗犷,不一样的风土人情。

第二天起床,发现鼻子流血,血液凝固。以为吃驴肉上火,没放在心上。

继续和检察院、法院沟通后,打道回府。

回到南京后,头昏脑涨,喉咙疼,就像有人不停地在脑袋里、喉咙里乒乒乓乓地砸。连忙开车去做核酸检测,结果是漫长的排队,等待2小时20分钟,终于做了核酸。预感不妙,此后自我隔离了一个星期。这是我第一次感染新冠,难免手忙脚乱。

事后得知,J县法院法官、书记员阳性了,我连带着不幸中招,紧接着,施晓飞也阳性了。一时间,众多人员感染,疫情进入高峰期,往日熙熙攘攘的街头变得冷清。

开庭两次宣告缓刑

又是漫长的等待,直到2023年3月开庭。开庭前,施晓飞很紧张。我安慰他,不要慌,事情在往好的方向发展。

在法庭上,我向施晓飞发问,你是从什么时候开始销售雪茄的？进货渠道是哪里？销售给谁？销售金额是多少？获利多少钱？你是如何到案的？对自己的行为怎么认识？你是否愿意退出违法所得、预缴罚金？你的家庭情况如何？你是否有做社会公益？

在法庭辩论阶段，我提出，施晓飞犯罪情节较轻，系主观恶性较小的初犯，且愿意退出违法所得，预缴罚金。施晓飞涉嫌的非法经营罪属于非暴力犯罪，法定刑为3年以下有期徒刑或者拘役，其已经反省自己的所作所为，没有再犯罪的危险。施晓飞热心公益，捐款1000元给江苏省青少年发展基金会。施晓飞情况特殊，母亲患乳腺癌晚期，父亲患急性冠脉综合征，父母都需要施晓飞照顾。

我还提出，施晓飞系自首，可以从轻或减轻处罚。2021年11月，施晓飞在家里，接到民警电话，说要核实一些事情。施晓飞知道是无证销售雪茄的事情，仍然主动在家等待公安机关前来抓捕。施晓飞在门口迎接办案民警。到案后，施晓飞如实供述。因此，施晓飞系自动投案，并如实供述，系自首。

2023年12月，第二次开庭。经过一年努力辩护，法院当庭宣告缓刑，认定施晓飞犯非法经营罪，判处有期徒刑1年10个月，缓刑2年，并处罚金人民币3万元。

直到这时候，施晓飞才长舒一口气，并心有余悸地说，再也不敢卖雪茄了。

2024年2月18日

案无大小用心辩

近年来，大型超市越来越多，人工收银和自助收银结合得越来越多，有些超市甚至全部启用自助结账。

邓晓光(化名)，硕士研究生文化，程序员，涉嫌盗窃罪。他在某超市购买10件物品的时候，其中两件未结算，被超市工作人员当场发现。

基本案情是，2023年10月至11月，邓晓光以不扫码支付钱款的方式，窃取某大型超市商品共计9次，被盗商品共计价值人民币715元。

邓晓光找到我们，希望能够不起诉。

次数多，有一定难度，但我们仍然要尽力争取。我和助理庞律师确定的策略是，既要全面审查证据，尤其是监控视频，也要和检察官保持良性沟通。

下周就要起诉到法院?

2024年1月，案件从公安机关移送检察院审查起诉。

第一次沟通的时候，我说，我们认为情节轻微，希望能够考虑不起诉。

检察官说，盗窃次数为9次，次数太多了，打算下周起诉到法院。认罪认罚的话，可以建议适用缓刑。

我说，毕竟关系到一个人的一辈子，关系到一个家庭，能否考虑不起诉？

我说，我们希望查阅监控视频，希望给我们充分的时间。

综合法理情辩护

此后，我们认真查阅监控视频，也发现了一些问题。

我们一边递交法律意见书，一边和检察官当面沟通。

我们认为，邓晓光明知他人报警，仍在现场等待民警调查，系自动投案，投案后如实供述，系自首。邓晓光犯罪情节轻微，涉案金额小，为700余元。邓晓光已赔偿损失，取得超市谅解。邓晓光家庭情况特殊，儿子患自闭症。病历资料显示，邓晓光的儿子确诊全面性发育迟缓、儿童孤独症（自闭症），需要照顾。案发后，邓晓光主动献血，向中国残疾人福利基金会捐款，建议检察院作出不起诉决定。

我们还认为，部分时间段监控视频不完整，不能分辨漏扫商品的种类和价格，部分商品是否被盗窃存疑。例如，2023年10月6日的监控视频中，漏扫的商品被压在其他商品下面，不能确定该商品的种类，是否是猪肋排存疑，也没有提供该商品的价格标签，不能确定盗窃金额。2023年10月29日的监控视频中，无法判断漏扫的商品是不是猪肋排。并且，在"买单"的监控视频中，邓晓光付完钱最后离开画面的时间为11:31:40，在"离开"的监控视频中，邓晓光首次出现在画面中的时间为11:31:59。中间有19秒的时间间隔，邓晓光可能在此期间将漏扫的商品放到别处没有带走，是否盗窃商品存疑。

此外，我们进行了类案搜索，提供类似案件不起诉决定书。

其中一份不起诉决定书是,2020 年 3 月至 5 月,何某某在购物自助结账时,通过故意漏扫部分商品条形码的方式,盗窃店内商品共计 13 次,盗窃的商品共计价值人民币 575.69 元。案发后,何某某已赔偿被害单位损失,并取得谅解。最终检察院认为何某某实施了盗窃行为,但犯罪情节轻微,具有自愿认罪认罚、坦白等情节,依据《刑事诉讼法》第 177 条第 2 款的规定,决定对何某某不起诉。

该案中,何某某涉嫌盗窃 13 次,次数多于邓晓光,且没有自首情节。辩护人认为,虽然我国不是判例法国家,但是类似案件的处理思路值得参考。邓晓光盗窃 9 次,金额 700 余元,具有自首情节,也可以考虑不起诉。

是否自首存争议

检察官态度有所转变,表示会充分研究,提交检委会讨论。

关于是否构成自首,检察官持不同意见。

于是,我们回去后,又写了一份新的法律意见书,论证邓晓光构成自首。

第一,邓晓光明知他人报警,仍在现场等待,抓捕时无拒捕行为,供认犯罪事实,应当视为自首。

根据《最高人民法院关于处理自首和立功若干具体问题的意见》第 1 条第 1 款第 2 项的规定,犯罪嫌疑人具有以下情形之一的,也应当视为自动投案:明知他人报案而在现场等待,抓捕时无拒捕行为,供认犯罪事实的。

辩护人认为,超市工作人员属于上述规定中的“他人”,邓晓光的到案过程符合上述规定,其后如实供述,应当认定为自首。

邓晓光具有现场待捕的非被动性,具有对于他人报案的明知性,具有被抓捕时行为的服从性,具有供认犯罪事实的彻底性。超市工作人员发现盗窃行为一定程度上违背了邓晓光的主观意愿,案发具有一定的被动性。但是,超市工作人员报警时,邓晓光并未被限制人身自由,在没有被强力控制、可以逃匿的前提下,邓晓光出于其独立意愿,主动留在案发现场,是一种自愿选择,系自动投案。

第二,超市现场发现邓晓光盗窃并报警,与自动投案并不矛盾。

《最高人民法院关于处理自首和立功具体应用法律若干问题的解释》(以下简称《解释》)第1条第1项规定,自动投案是指犯罪事实或者犯罪嫌疑人未被司法机关发觉,或者虽被发觉,但犯罪嫌疑人尚未受到讯问、未被采取强制措施时,主动、直接向公安机关、人民检察院或者人民法院投案。

超市的工作人员虽然发现了犯罪线索,但邓晓光的行为尚未被公安机关发觉。退一步讲,即便认为工作人员报警后,相关情况已经被公安机关发觉,但公安机关尚未对邓晓光进行讯问或采取强制措施。邓晓光仍然有自动投案的可能性,仍然符合《解释》关于自动投案的规定。因此,本案中,超市现场发现邓晓光盗窃并报警的行为,并不影响邓晓光自动投案的成立。

第三,根据存疑时有利于嫌疑人、被告人的原则,宜认定为自动投案。

即使邓晓光是否构成自动投案存在一定的争议,在这种情况下,应根据存疑时有利于犯罪嫌疑人、被告人的原则,作出有利于犯罪嫌疑人、被告人的解释,认定邓晓光为自动投案。如此,才能体现刑法的谦抑性,才能体现宽严相济的刑事政策。

峰回路转不起诉

2024 年 1 月 29 日,华东 Q 县检察院针对本案召开听证会,听取人民监督员和听证员意见。

会后,检察院认为,邓晓光犯罪情节轻微,具有坦白、认罪认罚的法定从轻、从宽处罚情节和已赔偿被害单位损失并取得谅解的酌定从轻处罚情节,不需要判处刑罚,决定对邓晓光不起诉。

至此,一个案件峰回路转不起诉,给了一个人、一个家庭宝贵的机会。

2024 年 2 月 17 日

附录

蓝天彬：从资深法治记者到成熟刑辩律师，“我也曾迷茫过”

内容摘要

——当记者时见多了各种人，现在做律师，见各种人也会不卑不亢，并对底层的人保持尊重，这就是原来做记者的习惯，待人之道是相通的。

——案子到我的手里，我就要根据事实和证据、法律，给当事人辩护。如果证据不足，要坚决做无罪辩护。这个案件不起诉了，公安机关以后要是再办理类似的案件，也会更加注重依法取证。

——你学的东西要有一定的门槛，不能一直在原地踏步，比如十年只跑交通事故，那成长在什么地方呢？要有复合型知识的准备，学习的知识要有门槛，不能学得太宽泛、太空泛。

每次和当事人加上微信之后，蓝天彬律师除了会发去一段简要的自我介绍之外，还会附上 3 篇自己的办案手记——《办案手记：无罪辩护后的不起诉》《办案手记：过失致人死亡案，无罪辩护后撤销案件》《办案手记：翻版药神案？数罪并罚终获缓刑》。

在蓝天彬律师看来，这些文章足以展示自己的专业素养，不需要过多的言语。

2010 年,从厦门大学毕业后,蓝天彬当了 6 年记者。6 年之间,他从福建省的《海峡都市报》,辗转去了澎湃新闻(《东方早报》),成为自己理想中的法治记者,和伙伴们一起,并肩作战。

时至今日,提起蓝天彬,同事们都会主动提及他在澎湃新闻开放办公室里,对着信号不稳的电话大声采访的样子,他也因此被同事笑称为“蓝天拼”。如今,尽管做律师的时间已经超过了做记者的时间,但回忆起在媒体奋斗的岁月,他仍抱着怀念和感谢之心。

2016 年,媒体环境相比往日发生着变化,加上家庭原因,蓝天彬选择从澎湃新闻辞职。几个月的潜心复习之后,他如愿通过司法考试,进入律师行业。

蓝天彬坦言,一开始做律师的时候,日子并不好过,也曾迷茫过,甚至有过喝酒麻醉自己。不过随后的几年时间里,他的勤奋让他快速成长为江苏法德东恒律师事务所高级合伙人、江苏省人大常委会法工委规范性文件备案审查咨询专家、南京市律师协会刑事诉讼法律专业委员会秘书长。

执业多年,蓝天彬律师专注于刑事辩护,办理了大量刑事案件,尤其是经济犯罪、网络犯罪、职务犯罪类案件,多起案件获得不起诉、撤销案件、终止侦查或缓刑等结果:谢某某涉嫌诈骗罪一案,经无罪辩护,检察院作出不起诉决定;庞某某涉嫌网络型寻衅滋事罪一案,经公益辩护,公安机关终止侦查;张某某涉嫌过失致人死亡罪一案,经无罪辩护,公安机关撤销案件;尚某某涉嫌诈骗罪和掩饰、隐瞒犯罪所得罪一案,数罪并罚,经有效辩护,终获缓刑……如今的蓝天彬,除了认真投入案件办理之外,还常常出现在各类法律论坛上，分享自己的办案经验，并不时在媒体上进行析案普法。

在蓝天彬看来，记者和律师，在很多方面都有重合之处。梳理案情线、寻找关键点的方法，是融会贯通的。不过，就立场而言，二者却不尽相同——作为记者，往往需要更多地聚焦于“社会责任感”；而作为律师，当事人的权益要摆在第一位。

01　“为了去媒体工作还赔了 5000 元”

Q：您一开始为什么会选择进入媒体行业工作？

A：我在高中时代就有两个理想，一个是做律师，一个是做记者。我们这一代人，在上学的时候正好经历了媒体的黄金时代，市场化媒体蒸蒸日上。当时不管是《南方周末》，还是财经类的报纸，比如《21 世纪经济报道》《中国经营报》《经济观察报》，都做得很好。既有深度的财经报道，也有深度的调查报道、时政报道。当时看到他们做得这么好，就自然而然地对新闻行业很向往。虽然现在看来可能有点宏大，但当时确实是想用自己的笔，通过新闻报道，去做一些推动历史进步的事。所以，当时在毕业找工作的时候，就算是找到了大型跨国矿业集团紫金矿业的工作，甚至都已经签了协议，我最后还是没有去，因为就想去做媒体记者，当时还因此赔了紫金矿业 5000 元。

Q：在新闻行业内的经历是怎样的？

A：大学毕业后，我去了《海峡都市报》工作，先去财经新闻部，后来在国内新闻部、评论部工作过，也算是小有成绩。2014 年年初，在那里工作 4 年后，感觉在选题内容、尺度方面的限制比较大。我那个时候还比较年轻,处于人生的黄金年龄,27 岁,总是想做一些事,做一些大新闻,于是就去参加了《东方早报》(澎湃新闻前身)的招聘。

到了《东方早报》以后,担任驻江苏法治记者,基本上每天都在跑,写了很多法治报道、调查报道,包括一些儿童遇害的案件,最多的一个月,写了五六篇相关的稿子。之前也写过一些关于冤案的稿件,比如一个发生在 20 世纪 70 年代的,当事人的父亲被抓入狱,而后含冤自杀的案件。尽管遇到了一些顾虑,最后我还是做好了完整的调查,复原了事件真相,发出来了。那段时间很累,尤其是澎湃新闻正式成立后,我的生活几乎被新闻占据,但是我乐此不疲,因为在其中获得了很多成就感。

Q:后来怎么想到要离开记者行业,转去做律师呢?

A:后来想要离开,也是因为感觉记者职业的成就感下降。一来是行业变化。二来也有一部分家庭原因。2016 年年初,我刚刚结婚,我的妻子劝我从南京回厦门。我自己是从厦门大学毕业的,也想回去,就想借着这个契机辞职,准备司法考试,转行做律师。

Q:辞职准备司法考试的过程中,有遇到什么难题吗?

A:现在回想起来,当时还是挺冒险的。如果司法考试没通过,会面对一个进退两难的局面。尤其是我这个人比较高调,在朋友圈都说了一遍。

最痛苦的是在考完试之后的一段时间。司法考试 9 月就结束了,11 月才出成绩。出成绩之前,什么预测都是空话,所以压力还是挺大的。那段时间,也要为考试没有通过的可能性找一些退路,就开始找工作,到处去投简历,才意识到找工作的困难。刚开始是在厦门，后来又扩展到福州。出于不想吃“回头草”的心态，没有再投传统媒体，剩下的各种企业都投了，但是陷入一种“你看上的公司看不上你，看上你的公司你看不上”的窘境里。

比如，当时我被厦门的一家公司录取，去担任新媒体主编。做了3天，我就走了，因为我原来是做法治记者的，写的都是新闻稿，一下子去做这种新媒体，做偏软性的内容，适应不了，做了几天就走了。还有对工资的要求，也处于一种眼高手低的状态，所以那段时间不好受。

Q：知道自己通过司法考试之后，找律所还顺利吗？

A：一开始不顺利。开始找律所工作的时候，我已经29岁了，不可能像一个刚毕业的大学生一样，在一个团队里，在助理的位置上做很久。律所合伙人一般刚见到我就会意识到这一点，所以他们会考虑一些类似于“培养我是不是值得的”问题，因为我可能一年之后就会离开团队，自己独立做律师。

2017年元旦，我在厦门找到了一家比较大的律所。但在工作了两三个月之后，还是感觉在厦门这个地方，我继续做下去是很难的。我在厦门除了大学同学，其实没有什么认识的人，两眼一抹黑，没什么人认识你、认可你。天时、地利、人和，哪一项都不占。在南京，天时、地利、人和多一些。于是，就下定决心回南京了。

在南京，变得顺利很多，都是直接和律所负责人谈，当时还有一家律所给出了很高的工资，但是我最后没有去那里，因为他们还想让我负责一些新媒体的工作。但对我而言，既然我转行做律师，我就更想要专注于律师业务，把这件事尽量做好，而不是一心二用。在这种更加优先考虑律师工作和以后发展的条件下，选择了东恒律所，然后一直就到了今天。

02 “为前途迷茫,喝醉过几次酒”

Q:到律所后,您是如何度过第一年的实习期的?

A:转行做律师,首先角色要转换,要从甲方的角色转换到乙方的角色。记者可以说属于甲方,有点文人的清高,但做律师,就不能有这种清高,因为律师是一个法律服务提供者。这是我刚到律所时,所里的一位前辈跟我说的。要从甲方的角色转换到乙方的角色,这句话我印象很深。后面慢慢调整自己的心态,但这个心态的转变是很痛苦的。

在实习期,也曾迷茫过,还喝醉过酒,因为对前途的未知。刚转行经济状况也一般,喝酒是一个释放自己的过程,这些情绪没法对外讲。转行做律师了,在别人眼里律师收入很高,但别人想不到刚起步是很难的。

Q:法治记者的经历对您现在做刑辩律师,会有哪些具体的帮助?

A:第一,我刚开始转行做律师的时候,我对自己的要求是,一到两个星期要写一篇法律文章,不论是实务的专业文章还是法律评论文章,头一晚上发生的新闻,第二天我就写法律评论文章,比如昆山龙哥案,我在文章中把事件与历史做比较。这就是做过记者的优势。我个人比较看重记者职业训练出的发散思维和触类旁通的能力,将两个原本看上去不关联的东西,通过蛛丝马迹联系在一起。律师也是这样,比如法律意见书也不能写得死板,即使都是法言法语,也要学着更打动人,让人看得更顺畅。

第二,待人接物。记者待人不卑不亢,当记者时见多了各种人,现在做律师,见各种人也会不卑不亢,并对底层的人保持尊重,这就是原来做记者的习惯,待人之道是相通的。再如,有些案子跟公检法沟通的时候,除了用法言法语,也要想想怎么沟通更好。我讲一个有意思的细节,到公安局、检察院、法院去沟通案件,在办公室见到公安、检察官、法官了,可以拿一个自己的水杯,或者问有没有一次性杯子,问有没有开水,他们一般都会给你倒水的。而这个动作,是对待客人通常做的。这个举动实际上在拉近双方沟通。因为去朋友家或亲戚家做客,第一个动作就是先给你倒茶。这样子放松下来,就不是一种对立的关系。这和我一进去就义正词严或者非常严肃地沟通就不一样了。我们如果是边喝茶边谈案子,会更放松一点,能讲的话就更多了。

第三,就是专业上善于提炼。做记者时善于抓重点,这点在做律师的时候也是非常重要的,比如几十本卷宗,要快速寻找辩护点,找到重点的辩护方向。

第四,抓细节。做记者需要抓一些关键的细节,做律师也是,既要抓重点,也要抓细节,发现细节可能就影响这个案件的走向,卷宗材料边边角角的地方可能就影响案件,比如发现一个非常关键的证据。

Q:开展案件调查时,作为律师和记者要做的工作,有相似的地方吗?

A:调查,首先还是要注重书面的证据,不管是记者还是律师,书面的东西非常重要。因为个人的陈述有可能变来变去,但是书面的东西就不一样,书面是更加客观的证据。个人的陈述还是要转化为书面的材料,比如我们律师会做律师调查笔录、律师询问笔录,转化为书面的材料。这个其实跟记者有点像,记者有的时候也会做这样的笔记。

其次,我们律师做调查的时候,比如调查一位证人,我们一般要同步录音录像,而且要有两个律师在场,这其实是非常规范的,做记者不一定能达到这个程度,有的时候是一个人去采访。但也要做好证据留存,防止当事人变卦。

03 “成功的辩护让自己不断认可自己”

Q:都说律师是理想和现实相互映射的职业,在处理案件的时候,您有没有遇到过情与法的冲突?

A:有的,对于律师来讲,律师的天然角色就是要用一切合理合法的手段,维护当事人利益。我举个例子,我自己办的一个相当于是翻版的药神案(《办案手记:翻版药神案?数罪并罚终获缓刑》),我的当事人是医药销售公司业务员,销售药品甲磺酸阿帕替尼,这是一种治疗胃癌的药品,对其他癌症也有作用,每销售一盒,公司给的提成是30~100元。在当地,一盒甲磺酸阿帕替尼1150元,医保可以报销60%或70%,但2020年6月政策突然变化,只有胃癌二期以后的患者办理特药证后才能报销,其他癌症患者和胃癌初期的患者不能报销,正常癌症患者一天就要吃1~2粒,一粒就要100多元,而且不能停,这就导致有些人吃不起药。我的当事人就利用他人的特药证,购买药品后,低价卖给患者,甚至免费送给患者,我当事人主要是看中公司给的提成,销量越大,提成越多。当时我的当事人是第一被告人,涉嫌诈骗国家医保统筹资金,还收取同事套取的甲磺酸阿帕替尼,进而低价售卖给他人,涉嫌诈骗罪和掩饰、隐瞒犯罪所得罪,数罪并罚。我在和检察官沟通过程中也感受到，检察官一方面同情我的当事人，知道他们客观上帮助了患者；另一方面又要依法打击犯罪，这不就是情与法的冲突吗。这种数罪并罚是非常难判缓刑的，全国各地大部分判实刑，宣告缓刑的屈指可数。但这个案子通过跟检察官、法官不断良性沟通，最后还是宣告缓刑。我在法庭辩论环节发表辩护意见时也谈到，“要兼顾国法、天理、人情，体现刑法的谦抑性”，这个是我有成就感的案子。

Q：真正成为一个自己内心认可的律师，是什么时候的事情呢？

A：应该是 2020 年无罪辩护后不起诉的那个案件（《办案手记：无罪辩护后的不起诉》），那个案件就让我确定：自己可以做一个优秀的律师。自己应该有这个能力。因为这种案件，一般人是很难做到的。有些律师可能做了一辈子，都没有一个无罪辩护成功的案件。我这个案件不是那么容易辩护的，背后有很多复杂的社会因素。我们就是为生命和自由辩护，案子到我的手里，我就要根据事实、证据、法律、程序，为当事人辩护。如果证据不足，要坚决作无罪辩护。这个案件不起诉了，公安机关以后要是再办理类似的案件，也会更加注重依法取证。

Q：感觉法治记者是客观地呈现案件，而刑辩律师是为自己的当事人争取最大的权益，您是怎么适应这样的职业转换的呢？

A：这个转换我觉得还是比较自然的，每个行业都有自己的职业操守和行业底线。律师的职业操守就是维护当事人合法权益、维护法律正确实施、维护社会公平正义。第一位就是维护当事人的合法权益。而做记者，社会责任感应当是第一位的。

虽然职业的立场不太一样，但能达到的目标可能是一致的。比如律师给违法者辩护，可能会让一些人觉得违法者逃脱了法律的制裁,或者减轻了处罚,但是它本质上还是推动了法治。

我举个最简单的例子,比如醉驾案件,醉驾涉嫌危险驾驶罪,以往有些办案人员办案是比较粗糙的,因为醉驾案件很多,有些就办得粗糙,比如抽血的过程粗糙、鉴定的过程粗糙,经过很多律师辩护和努力,这其中当然有醉驾的当事人被宣告无罪或者不起诉,让所谓的违法者逃脱了法律的制裁。但是,在这个过程中,公安的执法更加规范、更加精细化了。现在很多地方,醉驾案件中抽血的过程、鉴定的过程就比较规范了,这其中有一些因素是律师在推动的,最后达到实质的正义、实质的公正,实质上推动了法治。

Q:可以给未来想当记者的同学提一些建议吗?

A:我希望大家做复合型人才。做记者是一个职业选择,年轻的时候做记者,去认识、采访各种人,能够很好地增长见识,但也要有一些职业上的准备。也许哪一天不做记者了,要有一些退路。比如考司法考试,现在叫法考,有一个法律职业资格证书,那么转行做律师就比较顺利;再如跑财经新闻的记者,有财经的背景后就可能去证券基金公司。

你学的东西要有一定的门槛,不能一直在原地踏步,比如10年只跑交通事故新闻,那成长在什么地方呢?所以要有复合型知识的准备,学习的知识要有门槛,不能学得太宽泛、太空泛。

还有一点,要保持看书的习惯。我记得上大学的时候,我经常去厦大旁边的麦当劳看书,看文史哲,看各种书。

Q:看文史的书,会对您当记者和当律师有帮助吗?

A:都有帮助。对社会现实会有一个关注,尤其是中国,是有历史传统的,太阳底下没有新鲜事。也许我们今天经历的事,以往都有重复过。这样看世界会更开阔、更想得通。

比如，有的律师会抱怨现在执业环境不是很好，可以理解，同时这也是相对的。跟三四十年前相比，我们是有在进步的，可能跟十年前相比，有些地方有待加强。比如刑事案件二审开庭少的问题。这也是让刑辩律师觉得不可思议，也非常头疼的事情。连涉及财产的民事案件二审都开庭，为什么涉及生命和自由的刑事案件二审不开庭？死刑立即执行的二审案件是必须开庭的，这是《刑事诉讼法》明确规定的，但是，如果是判无期徒刑的案件，有的二审可能就不开庭。

我们在民国的时候就有律师，20 世纪五六十年代中断了，1979 年又重新开始，这不就是失而复得吗？历史不就是这样子吗？也许我们律师现在遭遇一些困难，但还是要努力，每个人默默做好准备，擦亮自己的武器，总有一天还能用得上。最怕的就是没做好准备，等机会来了，却不行了。

Q：您觉得您做好准备了吗？

A：我觉得自己一直在不断学习，也在增加勇气。做刑辩律师，一方面要提高专业水平，另一方面也要适度地勇敢。我觉得在勇气和技术方面，自己都在想办法加强。比如，庞某某涉嫌网络型寻衅滋事罪案件，我和律师同人路见不平，公益代理，做无罪辩护，最后公安机关终止侦查，无罪了。再如，我和同事代理的一个故意杀人罪案件，当事人一审判死刑，二审改判死缓，在监狱服刑 18 年，一直喊冤，我们代理申诉 5 年后，最高人民检察院立案复查。这些案件也是我们作为律师价值的体现。

Q：您有遇到过一些很遗憾的败诉吗？会怎么调节自己的心态呢？

A：有啊，有一个古玩类诈骗罪案件，我一直认为属于民事纠纷。当时一审是其他律师代理的,判刑 14 年。我们是代理二审辩护,上诉到省高级人民法院,省高级人民法院听取了我们的意见,撤销原判、发回重审,发回原来的法院后,我们继续辩护,但最后结果不尽如人意。我一直认为这个案子是古玩类的民事纠纷,最多算是民事欺诈。这个案子努力了 3 年,家属也看到我们尽力了。

调节心态的方法就是全力投入下一个案件的辩护。我们律师一方面要跟当事人感同身受,另一方面结束案件后不能过度地陷在里面消耗自己的情绪。这跟做记者一样,记者也不能无休止地消耗在一个新闻事件当中。

Q:可以给刚踏入媒体和律师行业的年轻人,分别分享一点比较重要的原则和经验吗?

A:给年轻记者的建议,我觉得要踏踏实实。不懂就要学,千万不要模棱两可。记者绝对不能糊里糊涂去采访,万一律师或者专家说错了怎么办,不能依葫芦画瓢写上去,记者要去核实、去学习、去调查。

给年轻律师的建议,有两点。第一点,要知道自己的执业风险在哪里,有些底线是不能碰的。比如,在看守所会见的时候拿出手机打电话的行为,不能做。第二点,要踏踏实实,在专业上提高自己。因为专业是立身之本。其他的方面当然都可以拓展,但律师首先是专业人士,其次才是社会活动家。

(原文于 2023 年 12 月 21 日首发于微信公众号“法律圈共同体”,作者罗楚琪、程丹妮,略有修改)

后　记

传一曲天荒地老
共一生水远山高
正义不倒
会盟天下英豪
无招胜有招

英雄肝胆两相照
江湖儿女日见少
心还在　人去了
回首一片风雨飘摇①

1

年少时，喜欢听刘欢、王菲合唱的《笑傲江湖》片尾曲，羡慕令狐冲这一生豁达豪迈、行侠仗义。

从厦门大学毕业后，先做记者，再做律师，奔波在路上，依然

① 节选自2001年度电视剧《笑傲江湖》片尾曲，易茗作词，赵季平作曲，刘欢、王菲合唱。

记得校训“自强不息，止于至善”。

这本书记录了我从记者转行做律师的经历，记录了我办过的一系列案件，包括不起诉、撤销案件、终止侦查或改判缓刑等方面。我希望用办案手记的方式，呈现刑辩律师是怎样从无望中寻找希望、从困局中破局的。穿越迷雾，抽丝剥茧，用一切合理合法的手段，维护当事人权益。

律师要努力维护当事人合法权益，维护法律正确实施，维护社会公平正义。即使是犯罪嫌疑人、被告人，仍然有合法权益，仍然需要律师去维护他(她)的合法权益。律师在维护当事人合法权益的过程中，就是在维护法律正确实施，就是在维护社会公平正义。

律师要坚持自己的职业操守和底线。公检法办案人员要坚持自己的职业操守和底线。唯有各司其职，坚守良知，正义才不会倒。

正义应该是全社会的价值追求。没有谁代表绝对的正义。正义存在于每个人的心中。正义需要形成合力，汇成江河。正义不倒，人心不散。

正义不会自动到来，需要法律人去坚持、去争取。正义不倒，就是法律人的一种信念。“天地有正气”“我善养吾浩然之气”。

2

原本想用《穿越迷雾：刑辩律师办案手记》做书名，后来和朋友交流，朋友提出《正义不迟到》，我想到《正义别迟到》，进而想到年少时听过的《笑傲江湖》片尾曲，“正义不倒，会盟天下英豪，无招胜有招……”那么就用《正义不倒》吧。

我知道，用《正义不倒》做书名，有点太大了，但转念一想，“少年不可怕丑，须有狂者进取之趣，此时不试为之，此后必将不肯为矣”，虽然不再少年，还是试一试。

2024 年 3 月于南京